思想道德修养与法律基础专题实践教程

主　编：弓兰秀　孟令择　张金鑫　彭克明
副主编：王军棉　崔建良　苏庆国　王琨媛　魏建丽　王永军

WUHAN UNIVERSITY PRESS
武汉大学出版社

图书在版编目(CIP)数据

思想道德修养与法律基础专题实践教程/弓兰秀等主编.—武汉:武汉大学出版社,2015.8
ISBN 978-7-307-16555-7

Ⅰ.思… Ⅱ.弓… Ⅲ.①思想修养—高等学校—教材 ②法律—中国—高等学校—教材 Ⅳ.①G641.6 ②D920.4

中国版本图书馆 CIP 数据核字(2015)第 196595 号

责任编辑:张 璇　　责任校对:李孟潇　　版式设计:马 佳

出版发行:**武汉大学出版社**　(430072 武昌 珞珈山)
(电子邮件:cbs22@whu.edu.cn 网址:www.wdp.com.cn)
印刷:武汉中科兴业印务有限公司
开本:720×1000 1/16 印张:11 字数:218 千字 插页:1
版次:2015 年 8 月第 1 版　2015 年 8 月第 1 次印刷
ISBN 978-7-307-16555-7　定价:22.00 元

前　言

走进象牙塔，游弋在知识的海洋，放飞青春的理想，开拓美好的新生活，是每一个刚刚跨入大学校门的青年学生的梦想和追求；如何实现自我人生角色的转换，如何把个人发展与国家的需要紧密结合起来，选择和实现自身的理想，也是其必须直面的人生问题。

作为大学生思想政治教育的“第一课”，《思想道德修养与法律基础》的重要职能就是要引导青年大学生迅速适应大学生活，在多元化社会思潮中选择科学的信仰、树立科学的理想，努力学习，积极承担国家发展、民族复兴大任。因此，《思想道德修养与法律基础》教学效果的好坏，不单影响着青年学生对思想政治理论课的认知和态度，更在深层上影响着其健康成长和国家的未来。

党和国家历来重视思想政治理论课程建设，根据社会发展的实际，不断推进思想政治理论课程体系和教学模式改革。2005 年，中宣部、教育部《关于进一步加强和改进高等学校思想政治理论课的意见》明确提出改革思想政治理论课程体系，把实践教学作为思想政治理论课程教学方法改革创新的重要内容：“高等学校思想政治理论所有课程都要加强实践环节。要建立和完善实践教学保障机制，探索实践育人的长效机制。”“要通过形式多样的实践教学活动，提高学生思想政治素质和观察分析社会现象的能力，深化教育教学的效果。”

作为思想政治理论课的重要组成部分，《思想道德修养和法律基础》如何适应时代的发展和学校教学、学生学习和思想实际，深化理论教学内容改革，探索恰当的实践教学模式，成为当下高校思想政治理论课教师和管理部门必须面对的热点问题。正是基于这样一种背景和思考，我们组织有丰富教学经验的一线任课教师编写了《思想道德修养与法律基础专题实践教程》，探索、指导当前《思想道德修养与法律基础》课程的实践教学。

本书编撰的旨趣不是要构建新的教学逻辑，更不是探索高深的教学方法，而是在马克思主义研究和建设工程重点教材《思想道德修养与法律基础》的教材体系的基础上，根据教学实际需要，按照特定思想逻辑结构，设置十个教学专题。每一专题设“知识点”、“实践教学的目的和要求”、“实践教学设计”、“实践教学应注意的问题”五个板块。其中，实践教学设计根据理论教学的需要，结合现实社会和大学生的生活特点，合理设计实践教学环节，激发学生独立感悟、思考和探索的潜能，从而调动学生的学习积极性和主动性，为思想政治理论课教师提供了一些操作性强、可在课内外安排的实践教学活动方案和评价方法，任课教师可根据教学的实际情况灵活运用。

围绕上述目标，本书在编写中力图突出三个特点：

1. 教学内容的专题化：经过多年思想政治理论课实践教学的探索，各高校对思想政治课实践教学都有了比较成熟的认识和相对完整的教学设计，从当前实际来看，关于思想政治理论课或单行本的《思想道德修养与法律基础》实践教学指导、实训教程等教学辅助资料较多，但逻辑结构基本上都是套用马克思主义研究和建设工程教材体系，没有摆脱教材体系的束缚，仍然停留在对教材的简单辅助上。而本书突出强调以学生的经验、社会实际、社会需要为核心，突破教材体系的限制，以专题的形式对课程资源进行整合，根据教学需要设计十大专题，有效地培养学生发现问题、分析问题、解决问题的能力，培养学生的探究精神、创新精神和实践能力，让学生在实践参与中体验社会问题的复杂性，解决问题方法的灵活性。这一教学体例和组织结构，就当下而言，具有开创性。

2. 教学对象的针对性：思想政治理论课实践教学的目的是提高思想政治理论课的教学效果。因此，本教材紧紧围绕这一目标科学设计实践教学方案，合理安排实践教学内容，既把握理论教育的核心，坚持用科学理论指导社会实践，又把握大学生理论学习和思想认识中存在的问题，做到对症下药、有的放矢，使每次社会实践活动都具有针对性。

3. 教学形式的多样化：要提高思想政治理论课实践教学的效果，就必须充分利用校内外资源多途径多渠道地开展实践教学活动，不断丰富发展思想政治理论课实践教学形式。因此，本教材在实践教学内容设计中，既包括开展专题演讲、小型辩论会、座谈会、讨论会等课内实践教学活动；也包括开展辩论赛、演讲赛、影视教学资料片观摩、社会调查和知识竞赛等形式的校内实践教学活动；还包括到社会中广泛地开展实践教学活动，如参观、访问、学术讲座和参加有关纪念活动等，这样既可加深学生对思想政治理论知识的理解，又能使大学生在活动中增进对社会的了解，提高参与社会活动的能力。

本教材无论是在体例结构还是在内容组织上，都实现了一定的突破。本教材既可作为高校思想政治理论课教师组织实施实践教学的教材，也可作为大学生培养自己的社会实践能力、进行自我修养、提高自身素质的课外有益读物。

由于时间仓促，编者水平有限，难免挂一漏万，敬请各位专家和使用本教材的广大师生批评指正。

本书编写组

目　录

专题一 走进大学 唱响青春

一、知识点

1. 大学的内涵。
2. 大学生活的特点。
3. 当代大学生的成才目标和崭新形象。
4. 树立新的学习理念、培养优良学风。
5. 提高思想道德素质与法律素质。

二、实践教学的目的和要求

大学时代是人生的重要阶段，对青年学生的健康成长、成才具有重要影响。

本专题是课程的总纲，在教材中起着开篇点题的作用。本专题实践教学旨在使大学生了解大学生活的特点，把握大学教育的实质，尽快完成由中学生到大学生的转变；明确大学生的历史使命和成才目标，自觉塑造当代大学生的崭新形象；正确认识思想道德修养和法律修养对大学生成长和成才的重要性，全面提高思想道德素质和法律素质。

三、实践教学过程

【方案1】问卷调查——新生对大学生活的适应性

在开始本专题理论教学之前，组织学生就“新生对大学生活的适应性”进行问卷调查，了解大学新生在生活、学习、人际交往等方面存在的不适应状况与原因，引导大学生尽快转变思想，实现角色、身份转换，迅速适应大学新生活。

【资料】新生对大学生活的适应性调查问卷

1. 您的性别是：(　　)

A. 男　　　　B. 女

2. 入学后您对自己学校的满意程度(　　)。

A. 比想象中的好　　B. 符合自己的想象
C. 与想象有些差距　　D. 十分不满意

3. 您觉得大学生活应该是怎样的?(　　)

A. 努力学习专业知识　　B. 过一天是一天
C. 丰富的社团生活　　D. 经常到图书馆看书

4. 入学以来，您在学校总体感觉如何?(　　)

A. 精力充沛　　B. 未感到疲劳，但也没有多余的精力
C. 有点疲劳　　D. 很容易疲劳

5. 您认为进入大学，学习还重要吗?(　　)

A. 依然重要，学习是学生的天职
B. 不是很重要，只要考试通过就行
C. 不重要，学习的黄金时间已经过去了
D. 很不重要，人生得意须尽欢

6. 您是否适应大学老师的授课方式?(　　)

A. 全部都适应　　B. 大部分适应
C. 不太适应　　D. 一点都不适应

7. 您怎么看待大学生上课迟到、早退、旷课的行为?(　　)

A. 可以理解，大学学习应自己灵活安排
B. 偶尔一次两次可以原谅，但是不能每次都这样
C. 十分不应该，这是不尊重老师的行为
D. 无所谓，不挂科就行

8. 您和班里大多数同学的关系如何?(　　)

A. 好　　B. 一般
C. 不是很好　　D. 很不好

9. 您是否愿意参加社团、学生会活动或学校组织的相关活动?(　　)

A. 热情高涨，积极参与　　B. 依个人兴趣选择相关活动
C. 偶尔参与　　D. 一点兴趣也没有

10. 您能否将学习、日常活动及娱乐休闲时间合理安排?(　　)

A. 完全可以　　B. 基本可以
C. 有点困难　　D. 几乎不能

11. 您觉得寝室集体生活如何?(　　)

A. 很温馨，大家无话不谈　　B. 和谐，大家相处融洽
C. 还行，大家关系一般　　D. 不是很好，偶尔有小争吵

12. 您通常多久往家里打一次电话?(　　)

A. 一日一次　　B. 一周一次
C. 一月一次　　D. 基本不打

13. 您是否适应学校食堂的饮食？(　　)
A. 非常不适应　　B. 不太适应
C. 一般，过得去　　D. 比较适应

14. 您所遇到的经济问题有(　　)。
A. 家庭经济很困难，学费欠交/缓交
B. 家庭经济有困难，生活费不足
C. 不懂得理财，出现赤字
D. 通过勤工俭学和其他方式，暂时没有经济问题

15. 您对未来的大学生活有无明确的目标？(　　)
A. 有，制订计划使自己更适应大学生活
B. 有短期的规划，没有长期的目标
C. 很模糊，没什么目标，安于现状
D. 没考虑过，过一天是一天

16. 您所遇到的人际关系问题包括以下哪些？(可多选)
A. 语言环境不同，沟通存在困难　B. 缺少知心朋友
C. 与个别人难以交往　　D. 与他人交往平淡、热情不高
E. 不知道如何与异性相处

17. 您经常使用的网络交往方式是什么？(　　)(可多选)
A. QQ　　B. 人人网　　C. 微博　　D. 博客
E. 贴吧　　F. 微信　　G. BBS

18. 您课余生活如何安排？(　　)(可多选)
A. 上自习或去图书馆看书　　B. 参加各种社团或学生会活动
C. 上网、玩游戏、看电影　　D. 逛街购物
E. 参加其他活动(如聚餐、同乡会等)

19. 您对学校环境不适应的原因是什么？(　　)(可多选)
A. 气候等自然因素差异　　B. 饮食、生活习惯差异
C. 大学特殊的人际关系　　D. 文化、习俗等社会环境因素
E. 大学不同于高中的学习氛围

20. 大学生活中遇到烦心事，您一般会怎么做？(　　)(可多选)
A. 向新朋友倾诉　　B. 找以前的朋友倾诉
C. 向父母倾诉　　D. 自我调节
E. 找班主任、辅导员倾诉　　F. 其他途径

【方案2】主题演讲——我的大学·我的梦

大学，是知识的殿堂，是梦想放飞的地方。组织学生进行“我的大学·我的梦”主题演讲，给学生一个展现自我风采的舞台，增强其对大学生活的自信心、自豪感和荣誉感，引导学生正确理解大学生活的意义和目的，把梦想追求与现实努力紧密结合，更好地思考未来美好人生，科学规划大学生涯。

【方案3】课堂讨论——《大学应该这样过》

在讲授“适应人生新阶段”时，组织学生对《大学应该这样过——李开复博士致大学生的第四封信》进行讨论。李开复博士是当代学生的“青年导师”，他在“第四封信”中重点阐述了“大学四年应如何度过”这一主题，使青年学生受益匪浅。通过学习讨论，引导学生对“大学四年应如何度过”这一问题进行深入思考，了解直面人生、自主学习、规划未来的迫切性和重要性，学会在倾听与思考中确立自我，使学生尽快摆脱“迷茫、郁闷、无聊”的状态，对大学生活有一个正确的认识和规划，追求更有价值的人生。

【资料】《大学应该这样过》(节选)

这“第四封信”是写给那些希望早些从懵懂中清醒过来的大学生，那些从未贪睡并希望把握自己的前途和命运的大学生及那些即将迈进大学门槛的未来大学生们的。在这封信中，我想对所有同学说：

大学是人一生中最为关键的阶段。从入学的第一天起，你就应当对大学四年有一个正确的认识和规划。为了在学习中享受到最大的快乐，为了在毕业时找到自己最喜爱的工作，每一个刚进入大学校园的人都应当掌控七项学习：学习自修之道、基础知识、实践贯通、兴趣培养、积极主动、掌控时间、为人处世。只要做好了这七点，你就能成为一个有潜力、有思想、有价值、有前途的快乐的毕业生。

自修之道：从举一反三到无师自通

进了大学以后，老师只会充当引路人的角色，学生必须自主地学习、探索和实践。大学生不应该只会跟在老师的身后亦步亦趋，而应当主动走在老师的前面。大学生应该充分利用图书馆和互联网，培养独立学习和研究的本领，为适应今后的工作或进一步的深造作准备。总之，善于举一反三，学会无师自通，这是大学四年中你可以送给自己的最好的礼物。

基础知识：数学、英语、计算机、互联网

虽然我一向鼓励大家追寻自己的兴趣，但在这里仍需强调，生活中有些事情即便不感兴趣也是必须要做的。例如，打好基础，学好数学、英语和计算机的使用就是这一类必须做的事情。如果你对数学、英语和计算机有兴趣，那你是幸运儿，可以享受学习的乐趣；但就算你没有兴趣，你也必须把这些基础打好。打基础是苦工夫，不愿吃苦是不能修得正果的。

实践贯通："做过的才真正明白"

上高中时，许多学生会向老师提出"为什么？有什么用？"的问题，通常，老师给出的答案都是"不准问"。进入大学后，这些问题的答案应该是"不准不问"。在大学里，同学们应该懂得如何将每一个学科的知识、理论、方法与具体的实践、应用结合起来。无论学习何种专业、何种课程，如果能在学习中努力实践，做到融会贯通，我们就能更深入地理解知识体系，能牢牢地记住学过的知识。

兴趣培养：开阔视野，立定志向

孔子说："知之者不如好之者，好之者不如乐之者。"如果你对某个领域充满激情，你就有可能在该领域中发挥自己所有的潜力，甚至为它而废寝忘食。最佳的寻找兴趣点的方法是开阔自己的视野，接触众多的领域。唯有接触你才能尝试，唯有尝试你才能找到自己的最爱。在追寻兴趣之外，更重要的是找寻自己终身不变的志向。志向就像罗盘，兴趣就像风帆，两者相辅相成、缺一不可，他们能让你驶向最佳的港湾。

积极主动：果断负责，创造机遇

从大学的第一天开始，你就必须从被动转向主动，你必须成为自己未来的主人，你必须积极地管理自己的学业和将来的事业，理由非常简单："没有人比你更在乎你自己的工作和生活。"让大学生活对自己"有价值"是你的责任。许多同学到了大四才开始作人生和职业规划，而一个主动的学生应该从进入大学时就开始规划自己的未来。

掌控时间：事分轻重缓急，人应自控自觉

除了积极主动的态度，大学生还要学会安排自己的时间，管理自己的事务。每个人都有许多"紧急事"和"重要事"，想把每件事都做到最佳是不切实际的。我建议大家把"必须做的事"和"尽量做的事"分开。必须做的事要做到最佳，但尽量做的事尽力而为即可。建议大家用良好的态度和宽广的胸怀接受那些你暂时不能改变的事情，多关注那些你能够改变的事情。此外，还要注意生物钟的运行规律，按时作息，劳逸结合，这样才能在学习时有最佳的状态。

为人处世：培养友情，参与群体

非常多的大学生入校时都是第一次离开父母，离开自己生长的环境。进入校园开始集体生活后，怎么和同学、朋友及社团的同事相处就成为了大学生学习内容的一部分。大学是大家最后一次能在相对宽松的环境中学习、培养、训练怎么和人相处的机会。在未来，人们在社会里、在工作中和人相处的能力会变得越来越重要，甚至超过了工作本身。所以，大学生要好好把握机会，培养自己的交流意识和团队精神。学会和人相处，这也是大学中的一门“必修课”。

踏入大学校门时，你还是一个忙碌的、青涩的、被动的、为分数读书的、被家庭保护着的中学毕业生。就读大学时，你应当掌握七项学习，学好自修之道、基础知识、实践贯通、兴趣培养、积极主动、掌控时间、为人处世。经过大学四年，你会从思考中确立自我，从学习中寻求真理，从独立中体验自主，从计划中把握时间，从交流中锻炼表达，从交友中品味成熟，从实践中赢得价值，从兴趣中攫取快乐，从追求中获得力量。离开大学时，只要做到了这些，你最大的收获将是“对什么都可以拥有的自信和渴望”。你就能成为一个有潜力、有思想、有价值、有前途的中国未来的主人翁。

所以，我认为大学四年应是这样度过。(资料来源：《职业技术》2007 年第 21 期)

【方案 4】焦点话题大家谈——合理使用手机，不做“课堂低头族”

“世界上最远的距离，是我和你在一起，而你在低头看手机。”这是网上颇为流行的一个段子。自从智能手机普及以来，这个“最远的距离”也成为大学课堂上老师与学生的距离。

在学习“如何适应大学生活”时，组织学生围绕“课堂低头族”、“无手机课堂”等焦点话题展开讨论，使学生了解智能手机是一把双刃剑。一方面，它是进行人际交往、情感交流、学习娱乐、获取信息的重要载体；另一方面，“手机依赖症”、“拇指控”等不良行为对正常的学习和生活产生了严重影响。因此，要引导学生养成良好的学习、生活习惯，以自律、健康、文明的心态合理使用手机。

【资料 1】“无手机课堂”需多方合力营造

世界上最遥远的距离，莫过于我们坐在一起，你却在玩手机。这样的场景，在如今的高校课堂里同样常见。

身处信息化时代，电脑和手机是学生获取资讯的必要载体。但是一些学生并没有养成良好地使用手机、电脑的习惯。调查显示，我国大学生群体中有网瘾的达到 20%，学生无节制用电脑、手机玩游戏、娱乐、网聊的大有人在。在这一点上，许多高校发起的“无手机课堂”倡议无疑具有重要意义。课堂是大学生汲取知识、学习文化的主要场所，如果纵容手机变成老师和学生之间的“第三者”，不仅影响学习效率，影响老师上课心情，对正常教学秩序也是一种冲击，不利于学生的学业。因此，对在课堂使用手机的行为，进行规范和约束，很有必要，是在自觉倡导一种好的课堂风气。

而从长远来看，“无手机课堂”，需要三方合力。其一，需要学校的制度硬起来，“无手机课堂”并不是将手机藏起来，手机可以放在学生手上，遇到急事也可以使用，但却不能用手机在课堂上玩游戏、聊天，这需要学校制定出以人为本的制度；其二，需要教师提高教学水平，多采用新颖的教学方式，提高学生的学习兴趣；其三，需要学生更自觉地关注自己的大学学业生涯规划，提升自我管理的意识和能力。(资料来源：《湖南日报》2014 年 10 月 14 日)

【资料 2】《远离手机，回归课堂倡议书》

亲爱的同学们：

你有多久没有完整地听一节课，又有多久没有记过高中时那样整齐的笔记。“你在桥上看风景，看风景的人在楼上看你。”你低着头面对屏幕流连忘返，老师们在讲台上对着你深情凝望。你的学习生活是否被屏幕里的五彩斑斓所主宰，你的思绪又是否被手机里的大千世界所牵绊。曾经，“风声，雨声，读书声，声声入耳”，而今却是“短信声，电话声，游戏声，声声不息”。这种现象不仅影响到了正常的课堂教学秩序，而且严重影响了同学们课堂的学习质量，破坏了良好的班风与学风。为帮助同学们养成良好的学习习惯，亲近课堂，珍惜时间，营造良好课堂氛围，同时尊重老师们的劳动成果，特向各位学子发出如下倡议：

(一)上课时自觉关闭手机，把宁静还给课堂。这既是对老师、对他人的尊重，也是对自己的尊重，更是对知识和文明课堂的尊重。

(二)向家人、朋友、学生组织及社团公开自己的课表，这样避免了他们在上课的时候联系你，还课堂一个安定的环境。

(三)提高自制力，做手机的主人。要自己真正地了解课堂的重要性，应该清楚地认识到手机终究只是一个工具，永远也不应该也不能替代我们自身与他人面对面的交流。

(四)学生干部要以身作则，上课不玩手机，并对其他同学做好监督和劝导工作。

(五)养成合理使用手机的良好习惯，做到以学习为主，娱乐为辅，以理智的态度对待手机。

(六)除了手机以外，其他会影响课堂秩序和效率的电子产品也应该避免使用。

亲爱的同学们，现在，青春是用来奋斗的；将来，青春是用来回忆的。希望从今天开始，我们共同行动，让指尖远离手机，让目光眷恋书本，让思绪回归课堂，让青春洋溢校园。让我们不做低头族，做昂首挺胸的抬头族，感受课堂的乐趣，倾听老师的教诲，领悟知识的真谛，做一个有社会担当和健全人格，有职业操守和专业才能，有人文情怀和科学素养，有历史眼光和全球视野，有创新精神和批判思维的优秀大学生！

【资料 3】手机依赖症的 15 个信号

1. 视力模糊。长时间盯着手机屏幕容易导致视力模糊和干眼症。

2. 没有安全感。一旦手机没在身边就会产生莫名的恐惧感。

3. 频繁发短信。无论工作还是闲暇时，总爱使用手机频繁收发电子邮件或短信，甚至给近在身边的人发。

4. 头痛。长时间使用手机会引起头痛、疲劳乏力。

5. 方向感差。到任何地方都离不开地图定位，不会记路。

6. 手机放枕边。研究发现，手机离身体太近容易导致入睡困难，影响睡眠质量。

7. 总听见手机振动声。手机明明静音，有时甚至压根没带手机，却感觉它仿佛在响或振动。

8. 上厕所带着手机。无论是上厕所还是进卧室，手机 24 小时不离身。

9. 拇指病。长时间使用手机上网或发短信等，手指就会痉挛疼痛，医学上称为拇指腱鞘炎。

10. 拍照晒美食。吃饭之前，必须先拍照上网与好友共享美食图片。

11. 不喜欢眼神交流。总爱使用手机会导致人与人之间的眼神接触减少，甚至与他人目光接触时产生异样感。

12. 与亲朋聚会减少。与亲朋 3 个月没聊天，只是通过社交网站了解对方一切情况。

13. 记不住电话号码。依赖手机的存储功能，当电话没电或不在身边时，记不清熟人的电话号码。

14. 走路也在玩手机。边玩手机边开车、工作或者走路等，容易忽视身边事物，导致意外，甚至会丧命。

15. 弯腰驼背。长时间使用手机的坏习惯容易导致弓腰驼背等不良姿势。（资料来源：三九健康网）

【方案 5】典型人物事迹介绍——当代青年十大创业偶像

在讲授“树立新的学习理念，培养优良学风”相关内容时，组织学生学习“当代青年十大创业偶像”的成功经验，使学生了解凡是事业上取得成就的人，都离不开

“勤奋、严谨、求实、创新”的作风，引导学生向榜样学习，树立新的学习理念，培养优良学风，不断提高综合素质。

【资料】当代青年十大创业偶像

（一）马云—— 中国网络经济第一人

一张长得独特的脸，却练就了中国人的超强自信，他就是创造中国网络经济神话的马云。他创办了全球国际贸易最大、最活跃的网上市场——阿里巴巴，亚洲最大个人拍卖网站，从一个普通的英语教师一跃成为世界级人物，他是用心在做事，挑战命运中种种不可能。

（二）袁隆平——世界杂交水稻之父

世界杂交水稻研究专家，中国工程院院士。用一生的精力，去研究一个别人所轻视的工作，一张永远“农民”式的笑容。他是中国最辛苦的院士，顶着烈日，赤足下田，与农民待在一起，就是这样普通的“农民”院士，却成为世界的杂交水稻之父，被聘为联合国粮农组织首席顾问。

（三）陈天桥——中国网络游戏盟主

陈天桥，领导一个世界上用户规模最大的网络游戏企业，仅三年多的时间，盛大网络已发展成为累计注册用户超过一亿五千万人次，在中国拥有65%以上的市场占有率，世界上用户规模最大、收益额位居前列的网络游戏企业，被国外媒体誉为世界三大网络游戏企业之一。他是复旦大学的高材生，同样也是中国大学生创业成功的典范，是中国大学生的一面镜子。

（四）李彦宏——中国最大搜索引擎的创始人

搜索改变中国人的命运，年轻的他创造了自己的独特网络王国，拉近了中国与世界的距离。

李彦宏1991年毕业于北京大学信息管理专业，随后赴美国布法罗纽约州立大学完成计算机科学硕士学位。在搜索引擎发展初期，李彦宏作为全球最早研究者之一，最先研创了ESP技术，并将它成功地应用于INFOSEEK/GO.COM的搜索引擎中。1999年年底，怀着“科技改变人们的生活”的梦想，李彦宏回国创办了百度。经过多年努力，百度已经成为中国人最常使用的中文网站，全球最大的中文搜索引擎。2005年8月，百度在美国纳斯达克成功上市，成为全球资本市场最受关注的上市公司之一。

（五）张朝阳——中国门户网站第一人

张朝阳现任搜狐公司董事局主席兼首席执行官，对互联网在中国的传播及商业实践作出了杰出贡献。搜狐公司目前已经成为中国最领先的新媒体、电子商务、通信及移动增值服务公司，是中文世界最强劲的互联网品牌。

他是个很有个性的网络人，喜欢挑战，战胜过无数的高山和雪山，从陕西到北京，从北京到美国，故乡渐行渐远，理想渐行渐近。以张朝阳为代表的成功的创业者，给中国的年轻人树立了一种创业致富的新新人类形象。

(六)俞敏洪——中国最富有的老师

著名英语教育品牌“新东方”创办人。这位毕业于北京大学的高材生，遇上了中国改革开放的好机遇，国门刚打开，出国潮涌现，给新东方提供了无穷大的英语培训市场。十几年来，帮助数以万计的年轻人实现了出国梦，莘莘学子借此改变了自己的命运。

他是个干大事的人，他领导的新东方已成为中国最大的私立教育服务机构，在全国开设了36所学校，6000多名教职员工，分布在36个城市。但是有谁能想到，当年他高考时英语才考了33分。传奇的人生经历，出众的口才，敏捷的思维，敢想敢做的冲劲，让他成为中国无数大学生的偶像，他的创业精神值得学习。

(七)马化腾——中国网络交流第一人

他用QQ改变了中国人的生活，在不需要任何费用的情况下，就可以与世界各地的人即时交流，这就是QQ的神奇之处。大学毕业后，他扎实地干了五年，然后抓住机遇，引进国外的聊天版，改为QQ，从此中国人就与QQ结下了不解之缘。帅气的他告诉我们，小小的东西也可成为大事业，只要坚持住，机会一定会属于你。

(八)王石——中国地产界教父

这位毕业于兰州铁道学院排水专业的大学生，中国房地产业的领军人物，最大的爱好就是登山，他敢作敢当，勇于挑战。他认为登山既可以强身健体，又可以挑战自我，正是这种“王石”式登山精神铸就了他人生的辉煌。

(九)杨元庆——中国高科技行业带头人

杨元庆，联想集团总裁兼首席执行官。国家高级工程师，享受政府专家特殊津贴，中华全国青年联合会副主任委员，中国企业家协会理事，中国科技大学客座教授。1994年，杨元庆出任联想电脑公司微机事业部总经理。在他的带领下，联想自有品牌电脑销售跻身于中国市场三甲之列。杨元庆也因此被中国各界誉为“销售奇才”、“科技之星”，时年他29岁。2001年6月，获得“商业周刊”亚洲版评选的“亚洲之星”称号。2011年杨元庆接任柳传志成为联想集团董事长，带领着联想集团走向新的辉煌。

(十)张瑞敏——中国最佳品牌领袖

全球著名企业家，创建了全球白电第一品牌海尔，现任海尔集团董事局主席兼首席执行官。在带领海尔持续健康发展的同时，张瑞敏始终高度重视企业的社会责任，积极投身教育、慈善等社会公益事业，真情回馈社会。张瑞敏以其创造全球化海尔品牌和创新管理模式的卓著成就赢得世界性的广泛赞誉。

【方案 6】热点透视——知识分子“过劳死”现象分析

通过对大学生课余生活的调查发现，许多学生除了上课，基本都宅在宿舍，吃饭叫外卖、购物靠淘宝，体育活动几乎不参加，校园里涌现出大批宅男、宅女。由于缺乏锻炼，学生的身体素质呈下滑趋势。针对这一问题，在讲授“身体是人才素质的基础”时，引导学生就社会热点话题知识分子“过劳死”现象进行分析和讨论，使学生了解健康的体魄是成长成才的重要基础，鼓励学生积极参加体育锻炼，做一名德智体美全面发展的优秀大学生。

【资料 1】健康不能“忙起来不要”

健康是责任，锻炼是义务，不能“说起来重要，玩起来次要，忙起来不要”，因为种种原因忽视了健康问题。

报告显示，2013 年，北京市 18 岁组户籍居民人群健康期望寿命为 40.17 剩余年，比人均期望寿命 81.51 岁少了 20 多年。也就是说，一名 18 岁的北京人，一生中可能有大约 1/4 的时间会陷入疾病、残疾等非健康状态。寿命的延长，并不意味着健康的必然跟随，这样的现状或许值得反思：提高生命的质量，追上健康的脚步，我们还有多少路要走？

放眼当下，年轻人连续工作几十个小时“过劳死”的新闻时有所闻，因为熬夜看球、长时间宅在家中等不健康生活方式而致命的报道也并不鲜见。当生命一次又一次上演不能承受之轻，正在挥霍健康的你，可曾认真想过，如果连健康都没了，又如何更好地实现自我价值、社会价值？“健康是责任，锻炼是义务”，追求健康或许需要付出一定的时间和精力，但因为种种借口延迟，因为各种原因忽视，是难以承担这种责任、履行这种义务的。

“世之奇伟、瑰怪、非常之观，常在于险远，而人之所罕至焉，故非有志者，不能至也。”遍寻美景需要不断探索的进取精神，追求健康尤胜于此。“文革”期间，邓小平在南昌劳动，每天走 5000 步，休养生息、保持健康，“我还会出来工作的，我还能为党工作 10 年”。如果没有这 3 年从精神到身体的调整，怎会有再次出山的一飞冲天？古人说，“天行健，君子以自强不息”。天道的运行以刚健为尚，对人而言，“自强不息”同样既是健康的状态，也是追求健康的不二法门。

“养怡之福，可得永年。”身体是革命的本钱，健康是最好的投资。从现在开始，把健康当做一项毕生的事业好好经营，让健康重回生命的价值体系，用健康的思维来引领自己的人生，这是对个人的负责，对家庭的负责，对工作的负责。（资料来源：《人民日报》2014 年 6 月 30 日）

【资料 2】过劳症状自测

1. 经常感到疲倦，忘性大。

2. 酒量突然下降，即使饮酒也感觉不到有滋味。
3. 突然觉得有衰老感。
4. 肩部和颈部发木发僵。
5. 因为疲劳和苦闷失眠。
6. 一点小事也会烦躁和生气。
7. 经常头痛和胸闷。
8. 发生高血压、糖尿病，心电图测试结果不正常。
9. 体重突然变化大，出现“将军肚”。
10. 几乎每天晚上聚餐饮酒。
11. 一天喝 5 杯以上咖啡。
12. 经常不吃早饭或吃饭时间不固定。
13. 喜欢吃油炸食品。
14. 一天吸烟 30 支以上。
15. 最近几年运动也不流汗。
16. 自我感觉身体良好而不看病。

【资料 3】毛泽东坚持体育锻炼的故事

毛泽东早年在湖南第一师范学校读书的时候，校门口有一口水井，毛泽东每天早晨起床后穿短裤来到水井旁，把井水用桶吊上来冲浇全身，然后用毛巾擦身体，擦干了又淋水，反复多次直至身体发热发红为止，即使在寒冷的冬天也坚持冷水浴。有几个同学曾跟着毛泽东进行冷水浴，但没有像他那样坚持到底。他们问毛泽东：天寒地冻，把冷水往身上泼，你不感觉难受吗？毛泽东说，最初几次是难受，但下决心突破困难，就习惯成自然了。

在求学期间，毛泽东还利用风、雨、太阳等恶劣自然条件进行锻炼。例如：夏天烈日当空，他经常穿一条短裤，站在室外晒太阳；游泳以后也常躺在沙滩上让阳光照射，这叫“日光浴”。冬天寒风凛冽，他穿着单薄的衣服，站在空旷的地方进行“风浴”。下大雨的时候，他冒雨跑步，进行“雨浴”。这些在一般人看来不可理解的行动，毛泽东却进行得很认真。

毛泽东一辈子都坚持游泳。在第一师范上学时，学校前面就是湘江，每年的 5 月到 10 月，毛泽东和几个同学几乎每天都到湘江游泳，还横渡湘江。到了冬天，许多人都不敢下水，毛泽东和几个伙伴还坚持冬泳，并留下了“自信人生二百年，会当水击三千里”的诗句，冲天豪气与坚强意志溢于言表。毛泽东直到晚年还坚持游泳，1966 年 7 月，73 岁高龄的毛泽东到武汉畅游长江。当时长江有 5 级风浪，毛泽东在水中游了 1 小时零 5 分，游程近 30 华里。他在畅游长江之后说：“长江又宽、又深，是游泳的好地方。长江水深流急，可以锻炼身体，可以锻炼意志。”

正是由于在青少年时代练就了强健的身体，毛泽东同志才能在战争岁月率领人民军队转战万里，战胜敌人；在社会主义建设时期夜以继日、废寝忘食的工作，为中国的革命和建设事业作出了巨大贡献！

【方案7】资料学习——习近平同志“五四”重要讲话

在讲授“追求成才目标，塑造崭新形象”相关内容时，组织学习习近平同志“五四”讲话，使学生理解“五四”讲话的内涵，明确当代大学生的成才目标。引导学生始终以国家富强、民族复兴和人民幸福为己任，勇敢肩负起当代大学生的历史使命，为实现中华民族的伟大复兴不懈奋斗！

【资料】习近平同志“五四”讲话(节选)

各位同学，各位老师，同志们：

今天是五四青年节，很高兴来到北京大学同大家见面，共同纪念五四运动95周年。首先，我代表党中央，向北京大学全体师生员工，向全国各族青年，致以节日的问候！向全国广大教育工作者和青年工作者，致以崇高的敬意！

古人说：“大学之道，在明明德，在亲民，在止于至善。”核心价值观，其实就是一种德，既是个人的德，也是一种大德，就是国家的德、社会的德。国无德不兴，人无德不立。如果一个民族、一个国家没有共同的核心价值观，莫衷一是，行无依归，那这个民族、这个国家就无法前进。这样的情形，在我国历史上，在当今世界上，都屡见不鲜。

我为什么要对青年讲讲社会主义核心价值观这个问题？是因为青年的价值取向决定了未来整个社会的价值取向，而青年又处在价值观形成和确立的时期，抓好这一时期的价值观养成十分重要。这就像穿衣服扣扣子一样，如果第一粒扣子扣错了，剩余的扣子都会扣错。人生的扣子从一开始就要扣好。“凿井者，起于三寸之坎，以就万仞之深。”青年要从现在做起、从自己做起，使社会主义核心价值观成为自己的基本遵循，并身体力行大力将其推广到全社会去。

广大青年树立和培育社会主义核心价值观，要在以下几点上下工夫。

一是要勤学，下得苦工夫，求得真学问。知识是树立核心价值观的重要基础。古希腊哲学家说，知识即美德。我国古人说：“非学无以广才，非志无以成学”大学的青春时光，人生只有一次，应该好好珍惜。为学之要贵在勤奋、贵在钻研、贵在有恒。鲁迅先生说过：“哪里有天才，我是把别人喝咖啡的工夫都用在工作上的。”大学阶段，“恰同学少年，风华正茂”，有老师指点，有同学切磋，有浩瀚的书籍引路，可以心无旁骛求知问学。此时不努力，更待何时？要勤于学习、敏于求知，注重把所学知识内化于心，形成自己的见解，既要专攻博览，又要关心国家、关心人民、关心世界，学会担当社会责任。

二是要修德，加强道德修养，注重道德实践。“德者，本也。”蔡元培先生说过：“若无德，则虽体魄智力发达，适足助其为恶。”道德之于个人、之于社会，都具有基础性意义，做人做事第一位的是崇德修身。这就是我们的用人标准为什么是德才兼备、以德为先，因为德是首要、是方向，一个人只有明大德、守公德、严私德，其才方能用得其所。修德，既要立意高远，又要立足平实。要立志报效祖国、服务人民，这是大德，养大德者方可成大业。同时，还得从做好小事、管好小节开始起步，“见善则迁，有过则改”，踏踏实实修好公德、私德，学会劳动、学会勤俭，学会感恩、学会助人，学会谦让、学会宽容，学会自省、学会自律。

三是要明辨，善于明辨是非，善于决断选择。“学而不思则罔，思而不学则殆。”是非明，方向清，路子正，人们付出的辛劳才能结出果实。面对世界的深刻复杂变化，面对信息时代各种思潮的相互激荡，面对纷繁多变、鱼龙混杂、泥沙俱下的社会现象，面对学业、情感、职业选择等多方面的考量，一时有些疑惑、彷徨、失落，是正常的人生经历。关键是要学会思考、善于分析、正确抉择，做到稳重自持、从容自信、坚定自励。要树立正确的世界观、人生观、价值观，掌握了这把总钥匙，再来看看社会万象、人生历程，一切是非、正误、主次，一切真假、善恶、美丑，自然就洞若观火、清澈明了，自然就能作出正确判断、作出正确选择。正所谓“千淘万漉虽辛苦，吹尽狂沙始到金”。

四是要笃实，扎扎实实干事，踏踏实实做人。道不可坐论，德不能空谈。于实处用力，从知行合一上下工夫，核心价值观才能内化为人们的精神追求，外化为人们的自觉行动。《礼记》中说：“博学之，审问之，慎思之，明辨之，笃行之。”有人说：“圣人是肯做工夫的庸人，庸人是不肯做工夫的圣人。”青年有着大好机遇，关键是要迈稳步子、夯实根基、久久为功。心浮气躁，朝三暮四，学一门丢一门，干一行弃一行，无论为学还是创业，都是最忌讳的。“天下难事，必作于易；天下大事，必作于细。”成功的背后，永远是艰辛努力。青年要把艰苦环境作为磨炼自己的机遇，把小事当做大事干，一步一个脚印往前走。滴水可以穿石。只要坚韧不拔、百折不挠，成功就一定在前方等你。

同学们、老师们！

教师承担着最庄严、最神圣的使命。梅贻琦先生说：“所谓大学者，非谓有大楼之谓也，有大师之谓也。”我体会，这样的大师，既是学问之师，又是品行之师。教师要时刻铭记教书育人的使命，甘当人梯，甘当铺路石，以人格魅力引导学生心灵，以学术造诣开启学生的智慧之门。

现在在高校学习的大学生都是20岁左右，到2020年全面建成小康社会时，很多人还不到30岁；到本世纪中叶基本实现现代化时，很多人还不到60岁。也就是说，实现“两个一百年”奋斗目标，你们和千千万万青年将全过程参与。有信念、有梦想、有奋斗、有奉献的人生，才是有意义的人生。当代青年建功立业的舞台空前广阔、梦想成真的前景空前光明，希望大家努力在实现中国梦的伟大实践中创造自己的精彩人生。

我相信，当代中国青年一定能够担当起党和人民赋予的历史重任，在激扬青春、开拓人生、奉献社会的进程中书写无愧于时代的壮丽篇章！（资料来源：《人民日报》2014年5月5日）

【方案8】观励志电影《奋斗》，撰写心得体会

在学习“大学生确立成才目标”时，组织观看励志电影《奋斗》，并以“奋斗的青春最美丽”为题撰写心得体会，以《奋斗》中反映的大学毕业生积极进取、奋发向上的人生态度和艰苦创业的奋斗历程，引导学生正确认识自我、发现自我，以自信、自律、自立、自强的精神勇敢面对人生。

【方案9】我的大学我做主——学习生涯设计大赛

针对大学学习环境相对宽松的实际特点，组织开展以“我的大学我做主”为主题的学习生涯设计大赛，引导学生确立学习目标，合理规划大学学习生活。

具体活动方案：

1. 教师向学生讲授学习生涯规划的意义和方法，从各方面指导学生如何更好地度过大学生活。

2. 学生在听完教师讲解之后，针对自身性格爱好、所学专业及前景、未来职业选择，制订个人发展计划。

3. 教师组织学生就个人发展计划进行交流讨论，针对其中存在的问题进行剖析并进一步完善，增强其可行性。

四、实践教学应注意的问题

1. 大学时期，学习的目的、动机、形式和要求与中学相比都发生了变化。在实践教学过程中，注意引导学生树立新的学习理念，培养优良学风。

2. 加强个人的思想道德修养和法律修养是与社会责任、历史使命联系在一起的。实践教学中，引导学生通过理论学习和实践体验，不断提高自身的思想道德素质和法律素养。

3. 品德是培养和评价人才的重要标准。在实践教学过程中帮助学生正确认识“德”与“才”的辩证关系，深刻理解党和国家提出的“立德树人”的要求，避免走入“重智轻德”的误区，从各方面发展自我、完善自我。

专题二　你的梦　我的梦　中国梦

一、知识点

1. 理想与信念的内涵和特征。
2. 大学生的历史使命。
3. 马克思主义的科学信仰。
4. 中国特色社会主义的共同理想。
5. 理想信念与大学生成才。
6. 理想实现的长期性、艰巨性、曲折性。
7. 中国梦的基本内涵、奋斗目标及实现途径。

二、实践教学的目的和要求

理想信念教育是大学生思想道德修养的入门教育。树立崇高而科学的理想，有助于学生设计人生、规划未来。

本专题实践教学旨在使学生深刻认识理想、信念的含义和特征；掌握树立马克思主义科学理想信念对当代大学生成长、成才的重要意义；明确理想实现的长期性、艰巨性、曲折性；学会辩证地看待在未来人生历程中将要遇到的顺境和逆境；全面了解中国梦的科学内涵和时代价值，进一步引导学生坚定中国特色社会主义的道路自信、理论自信、制度自信，为实现伟大的中国梦而努力奋斗。

三、实践教学方案

【方案 1】问卷调查——大学新生理想信念现状

为全面了解学生理想信念的总体趋势和发展方向，组织学生进行“大学新生理想信念现状”问卷调查，引导学生树立远大理想、坚定崇高信念，努力成为中国梦的积极践行者。

【资料】大学新生理想信念现状调查问卷

1. 您的性别是(　　)。
   A. 男　　B. 女
2. 您认为上大学的主要目的是(　　)。
   A. 实现理想抱负　　B. 获取文凭方便以后找工作学习
   C. 找到人生的另一半　　D. 为自己的人生打下基础
3. 到了大学您的理想是否发生改变？(　　)
   A. 不曾改变，专注于同一个理想并为之努力
   B. 因思想逐渐成熟而改变
   C. 因别人的影响而改变
   D. 为适应家庭或就业形势而改变
4. 您认为理想信念教育中老师与学生的关系是(　　)。
   A. 完全平等，教学相长　　B. 老师主导，学生参与
   C. 学生为本，老师引导　　D. 相互独立，互不干扰
5. 您相信自己会成功实现理想吗？(　　)
   A. 我相信我会成功，因为我有信念的支撑
   B. 我还不知道，因为理想与现实相差太远
   C. 我觉得目前有很大难度
   D. 我觉得根本没能力实现理想
6. 您觉得成功的标准是什么？(　　)
   A. 赢得他人和社会的尊重　　B. 拥有财富和地位
   C. 对家庭做出贡献　　D. 为社会做出贡献
7. 您认为一个大学生实现自己的理想最重要的是(　　)
   A. 认真学习，积累知识
   B. 多参加学生工作，提高自己的交际能力
   C. 利用假期工作掌握应有技能，提高实践能力
   D. 其他
8. 假设您即将大学毕业，您有什么短期计划？(　　)
   A. 考研　　B. 出国
   C. 自主创业　　D. 先找一份工作，自给自足
9. 倘若毕业时，政府号召去支援西部建设，您会去吗？(　　)
   A. 会　　B. 不会　　C. 还不知道　　D. 视情况而定
10. 你觉得在哪儿更有机会实现自己的梦想(　　)
   A. 大城市　　B. 中小城市或乡镇
   C. 国外　　D. 地域并不重要，如果条件成熟，在哪都可以

11. 您是怎么理解中国梦的？(　　)
A. 实现中华民族的伟大复兴　　B. 社会和谐，生活小康
C. 像美国那样称霸世界　　D. 其他

12. 您认为作为当代大学生能够为中国梦的实现做些什么？(　　)
A. 努力学习，进一步求知　　B. 早日参加工作，挣钱养家
C. 力量太小，什么也做不了　　D. 到祖国最需要的地方建功立业

13. 您认为实现理想的动力来自于哪里？(　　)(可多选)
A. 为了让家人能过上好日子　　B. 为了让别人看得起
C. 为了自己美好的将来　　D. 为自己的另一半而努力
E. 父母、师长及朋友的鞭策和鼓励　　F. 实现人生价值
G. 报效社会

14. 您认为影响您追求理想的因素有哪些？(　　)(可多选)
A. 个人能力有限　　B. 四处碰壁，路途坎坷
C. 自己有能力却没有好机遇　　D. 学历的高低
E. 人际关系处理问题　　F. 父母及其他人不赞同
G. 私人情感问题

15. 您觉得大学生理想信念教育中参与者应当包括(　　)(可多选)
A. 思想政治理论课教师　　B. 学生
C. 学生社团　　D. 学生管理人员
E. 社会团体　　F. 有号召力的个人
G. 其他

【方案2】材料分析

在讲授“理想信念对大学生成长成才的重要意义”时，引入钱学森追求科学理想信念的事例，并与“全能神邪教教徒杀人事件”作对比，使学生进一步认识坚持科学理想信念的重要意义，自觉树立科学的理想信念，并坚决抵制不良信念。

【资料1】“中国导弹之父”钱学森的故事

钱学森，浙江杭州人，生于1911年。他出身名门，天赋聪颖，1934年因成绩优异公派留学美国。学成之后又在美国从事空气动力学、固体力学和火箭等领域的研究，28岁时就成为世界知名的空气动力学家。虽然身在美国，但是他始终惦念着祖国。

1949年，新中国成立的消息传来，他心潮澎湃，对妻子说：“祖国已经解放，我们该回去，中国才是我永远的家。”但是美国政府却不愿放行，有一位军官声称：“钱学森无论在哪里，都抵得上5个师，我宁可把这家伙枪毙了，也不让他回到中

国！”美国联邦调查局甚至将他软禁起来。但是这一切都挡不住他报效祖国之心。1955 年，钱学森成功寄信中国政府，恳请帮助归国。在周总理的亲自关怀下，通过中国政府的外交努力，钱学森终于如愿回到祖国怀抱。

归国之后，钱学森全身心地投入工作。在他的努力下，1964 年，我国第一枚中近程导弹发射成功；1966 年，我国第一次中近程导弹运载原子弹试验成功；1970 年，我国第一颗人造卫星“东方红一号”发射成功，一系列突破接踵而至。

由于他的巨大贡献，中国的导弹、航天科技至少跃进了 20 年，中国的强国步伐大大加快。他因此被誉为“中国导弹之父”，荣获“两弹一星功勋奖章”、“中国航天事业 50 年最高荣誉奖”等荣誉。但是在他心中，永远是国家最重、个人最轻，事业最重、名利最轻。他曾说：“我个人仅仅是沧海一粟，真正伟大的是党、人民和我们的国家。”（资料来源：光明网）

【资料 2】山东招远涉邪教“全能神”故意杀人案一审宣判

2014 年 10 月 11 日，山东招远涉邪教故意杀人案在烟台中院公开宣判。山东省烟台市中级人民法院 11 日上午对张帆等五名被告人故意杀人、利用邪教组织破坏法律实施一案作出一审判决，张帆、张立冬被判死刑，吕迎春被判无期徒刑，张航、张巧联分别被判处有期徒刑十年、七年。

法院审理查明，被告人张帆、张立冬、吕迎春、张航、张巧联及张某均系“全能神”邪教组织成员。2014 年 5 月 28 日 15 时许，五被告人及张某到“麦当劳”招远府前广场餐厅就餐、滞留。当日 21 时许，张帆、吕迎春授意张航、张巧联、张某向餐厅内的其他顾客索要联系方式，为发展“全能神”教徒作准备。因向被害人吴某某索要手机号码时遭拒绝，张帆、吕迎春遂共同指认吴某某为“恶灵”，张帆首先持餐厅内座椅击打吴某某头部。被害人倒地后，张帆手撑餐桌反复跳起、踩踏吴某某头面部并驱使张巧联、张某殴打吴某某，还采取拳头击打、用头盔砸等方式阻止“麦当劳”餐厅工作人员施救和报警。

法院审理认为，被告人张帆、张立冬、吕迎春、张航、张巧联共同残忍杀害被害人吴某某，均构成故意杀人罪；吕迎春、张帆、张立冬明知“全能神”系已经被国家取缔的邪教组织，仍然纠合教徒秘密聚会，制作、传播邪教组织信息，发展邪教组织成员，或者为上述行为提供便利条件，破坏国家法律、行政法规实施，均构成利用邪教组织破坏法律实施罪，应当数罪并罚。根据五名被告人犯罪的事实、性质、情节和对于社会的危害程度，法院遂依法作出上述判决。（资料来源：《北京日报》2014 年 10 月 12 日）

【方案 3】社会焦点透析——买“苹果”的雷人雷事

在讲授“树立正确的生活理想”时，结合社会焦点问题——买“苹果”的雷人雷事，引导学生分析引发这些荒唐行为的深层次原因：在外来时尚产品及奢侈品的冲击下，一些年轻人的消费观念和价值判断已被严重异化、扭曲。教育学生把好“生活关”，防止盲目攀比和盲目消费，养成良好的生活习惯，逐步树立起正确的生活理想。

【资料1】为买“苹果” 雷人雷事层出不穷

中新网2014年10月10日电 今日起，内地用户便可以通过Apple Store在线商店预订iPhone 6和iPhone 6 Plus，这对许多“果粉”来说无疑是一个值得兴奋的日子，但是这也刺痛着那些买“苹果”有困难的人群。据媒体报道，从历史来看，为买“苹果”产品，部分人选择了非正常手段，雷人雷事层出不穷。

95后女大学生为买苹果“土豪金”卖淫

据东南网2013年12月25日报道，为买苹果“土豪金”，95后女大学生在网上招嫖，在交易后双方因互不信任发生争执，进而双双拨“110”报警。这起令人匪夷所思的案件曾在福州软件园某宾馆上演。当时，民警了解情况后，对此二人进行了教育，并告知他们的行为已经涉嫌卖淫嫖娼，两人也都面临行政处罚。

80后小夫妻卖孩子买iPhone

据《楚天金报》2013年10月19日报道，一对80后的上海小夫妻，在网上标价5万元，将违规超生的婴儿以有偿价格卖给他人。夫妇俩卖掉孩子后立刻上网疯狂采购，购买了iPhone手机等物品。

大学生为还iPhone按揭无奈去搬砖

据《重庆晨报》2013年4月1日报道，重庆市一大学生通过信用卡分期购买了一台iPhone 4，为了每月按时还款无奈去工地搬砖。该学生表示，“哪个月钱不够了，就去工地上搬上几天砖。我也不多搬，只要够还信用卡的欠款就好了，每次连着搬4天，最后我总共搬了两次，一共是8天。”“工地上搬砖不是一般的累，那几天手上磨得全是泡，钻心的疼。”该学生说道。

17岁高中生卖肾换“苹果”

据《三湘都市报》2012年8月8日报道，为买“苹果”手机和iPad2，17岁高中生小王在网上找到黑中介，卖掉了自己的一个肾，事后得到2.2万元。拿到钱后，小王去买了苹果手机和iPad2，但他回家后身体越来越差，直到家长再三追问，他才坦承：把一个肾卖掉了。小王的母亲赶紧赶到郴州市报案，多名犯罪嫌疑人先后落网。经鉴定，小王的伤情构成重伤、三级伤残。

渴望买苹果手机网友写“救济信”

据中国经济网2012年3月14日报道，一网友给宿松县委书记写信称，希望大家捐款给他买一部苹果手机。此事引来多位网友“围观”。

该网友在信中写道：“张书记好！由于本人家庭贫困，渴望购买一部苹果手机，但苦于无钱购买，很希望书记您能发动群众为我捐点款，了却我多年的心愿，谢谢。”这封“求助信”得到了书记信箱的回复，内容只有一句话：挺起你的脊梁！

【资料2】一位辛酸父亲写给大学生儿子的信

亲爱的儿子：

尽管你伤透了我的心，但你终究是我的儿子。虽然，自从你考上大学，成为我们家几代里出的唯一一个大学生之后，心里已分不清咱俩谁是谁的儿子了。从扛着行李陪你去大学报到，到挂蚊帐缝被子买饭菜票甚至教你挤牙膏，这一切，在你看来是天经地义的，你甚至感觉你这个不争气的老爸给你这位争气的大学生儿子服务，是一件特沾光特荣耀的事。

的确，你考上大学，你爸妈确实为你骄傲。虽然现今的大学生也不一定能找到工作，但这毕竟是你爸妈几十年的梦想。然而，你的骄傲却是不可理喻的。在你读大学的第一学期，我们收到过你的3封信，加起来比一份电报长不了多少，言简意赅，主题鲜明，通篇字迹潦草，只一个”钱”字特别工整而且清晰。你说你学习很忙，没时间写信，但同院里你高中时代的女同学，却能收到你洋洋洒洒几十页的信，而且每周一封。每次从收发室门口过，我和你妈看着你熟悉的字，却不能认领。那种痛苦是咋样的，你知道吗？

后来，随着你读二年级，这种痛苦煎熬逐渐少了，据你那位高中同学说，是因为你谈恋爱了。其实，她不说我们也知道，从你一封接一封的催款信上我们能感受到，言辞之急迫、语调之恳切，让人感觉你今后毕业大可以去当个优秀的讨债人。

当时，正值你妈下岗，而你爸微薄的工资，显然不够你出入卡拉OK、酒吧、餐厅。在这样的状况下，你不仅没有半句安慰，居然破天荒来了一封长信，大谈别人的老爸老妈如何大方。你给我和你妈心上戳了重重一刀，还撒了一把盐。最令我伤心的是，今年暑假，你居然偷改入学收费通知，虚报学费。这之前，我在报纸上已看到这种事情。没想你也同时看到这则新闻，一时间相见恨晚，及时娴熟地运用这一招，来对付生你养你爱你疼你的父亲母亲。虽然，得知真相后我并没发作，但从开学到今天，两个月里，我一想到这事就痛苦，就失眠。这已经成为一种心病，病根就是你——我亲手抚养大却又倍感陌生的大学生儿子。不知在大学里，你除了增加文化知识和社交阅历之外，还能否长一丁点善良的心？（资料来源：《北京青年报》2004年11月3日）

【方案4】主题学习——只有共产党才能救中国，只有社会主义才能发展中国

在讲授“树立中国特色社会主义共同理想”时，组织学生查阅相关历史资料，宏观把握中国共产党创立并领导中国人民进行革命、建设、改革和发展的历史过程，深化学生对“只有共产党才能救中国、只有社会主义才能发展中国”的认识，进一步理解走中国特色社会主义道路符合当今中国国情、符合全国人民的根本利益，是中国走向富强、民主、文明、和谐、生态的必然选择。

具体实施：以班级为单位，分成若干小组。每组派若干名代表发言，之后，学生提交心得体会。

第一组：围绕“只有共产党才能救中国”这一主题，指导学生阅读中国近代史(1840—1949)相关资料，了解鸦片战争以来中国各阶级、阶层探索救亡图存和实现民族复兴的历程，使学生认识到“只有共产党才能救中国”。

第二组：围绕“只有社会主义才能发展中国”这一主题，指导学生查找中国现代史(1949—)相关资料，使学生了解新中国成立以来尤其是改革开放后中国社会发生的巨大变化，深刻理解“只有社会主义才能发展中国”。

【资料】

1840年第一次鸦片战争，西方资产阶级殖民者用坚船利炮打开古老中国的大门，中国开始沦为半殖民地半封建社会，国家积贫积弱，社会战乱不安，人民生灵涂炭。正是从那一刻开始，中华儿女为了寻求民族独立、人民解放、国家富强和人民富裕，进行了若干道路的探索，最终历史和人民选择了中国共产党的领导，走社会主义之路。

进入半殖民地半封建社会以后，面对西方列强的侵略，首先站在最前沿的是林则徐和魏源等人，他们提出了“师夷长技以制夷”等主张，开启了近代向西方学习的新风。历经30年的洋务运动是这一思想的继承和发展，但是向西方学习器物、技术并没有使中国走向富强。1851年由农民发动的太平天国运动，由于无法克服农民阶级自身具有的阶级局限性，农民阶级也没能救中国。中日甲午战争中中国的惨败唤醒了中国民族资产阶级知识分子，维新变法运动兴起，然而维新变法如同昙花一现，仅存在了103天就夭折了。它的失败说明，在半殖民地半封建的旧中国，企图通过统治者走自上而下的改良道路，实现国家的独立、民主、富强，是根本行不通的，必须用革命的手段，推翻帝国主义、封建主义联合统治的半殖民地半封建的社会制度。辛亥革命是资产阶级领导的以反对君主专制制度、建立资产阶级共和国为目标的革命，是一次比较完全意义上的资产阶级民主革命。但是辛亥革命是“一朵不结果实的花”，这个果实最后被袁世凯篡夺了。

1921年中国共产党成立后，接下来是四个阶段的革命战争。国民大革命后期，因为蒋介石、汪精卫在1927年发动“四·一二”和”七·一五”反革命政变叛变革命，中国革命处于白色恐怖之中，中国共产党召开“八七会议”和组织了著名的三大起义——南昌起义、秋收起义、广州起义，回答了敢不敢革命的问题。三大起义之后，中国革命发展到一个新阶段——土地革命战争时期。1931年“九一八事变”后，中日矛盾上升为主要矛盾，1937年“卢沟桥事变”后，中国抗日战争进入全国性抗战的新时期，历经八年艰苦卓绝的斗争，取得了胜利。1946年解放战争爆发，通过三年的解放战争，推翻了帝国主义、封建主义和官僚资本主义“三座大山”。1949年10月1日中华人民共和国成立，中国人民在中国共产党的领导下彻底赢得了民族独立。

改革开放30多年来，在中国共产党的坚强领导下，中国国民生产总值以年均9.7%的比率增长，是新中国经济发展最快的时期。城乡居民收入快速增长，居民消费结构明显改善，居住条件和生活环境逐步改善，改革开放带来的福祉正在为广大人民所共享。中国经济总量已跃居世界第二位，综合国力快速提升，几代人梦寐以求的民族复兴的中国梦正在逐步变为现实。

【方案5】新闻时事大家谈——从“狱中八条”到周永康案，看党中央反腐决心

在讲授“坚定对中国共产党的信任”相关内容时，组织学生观看央视新闻联播《走基层·解密“狱中八条”》系列纪录片，学习人民日报关于《关于周永康严重违纪案的审查报告》及评论员文章。通过学习和交流，使学生充分了解在中国共产党成立90多年来的光辉历程中，有一条红线贯穿其中，那就是坚持反腐始终不渝。从中央苏区时期的谢步升、左祥云，到抗日战争时期的黄克功、肖玉璧，到新中国成立初期的刘青山、张子善，再到今天的薄熙来、周永康，对这些贪污腐化分子的严惩，彰显了党中央反腐的持续性。因此，我们应该充分坚定对中国共产党的信任，拥护党的领导，努力为党和人民的事业奋斗终生。

【资料1】解密“狱中八条”

65年前，重庆终于迎来了解放。但被关押在渣滓洞、白公馆监狱的革命志士，却在重庆解放的前三天，被国民党特务残忍屠杀。可大家不知道的是，烈士们在牺牲前还留下一份用血的教训凝结成的，从未完整公开的秘密文件。他们留给未来执政党最后的话被一位从大屠杀中逃出的革命志士记录在了一份报告中，报告最重要的部分，就是对我们的党提了八条意见，被称为“狱中八条”。

这份报告是谁写的？又是如何流传下来的？这要从重庆的渣滓洞、白公馆监狱说起。

重庆渣滓洞和白公馆监狱，是新中国成立以前国民党特务专门用来关押政治犯的地方，1949年10月1日，新中国成立的消息让关押在这里的近200名共产党员兴奋不已，但没有想到，敌人开始了最后的疯狂屠杀。

1949年11月27日，特务开始了最后的屠杀，按照蒋介石的命令，必须当天处决完所有政治犯。由于渣滓洞关押人数较多，白公馆的枪手后来被调到了渣滓洞帮忙，白公馆只留下看守班班长杨钦典独自看守尚未屠杀完的19位志士。三天后，重庆解放。而幸存的罗广斌逃出监狱后马上回了家。

到家后的罗广斌将自己关在房间里整整28天，终于完成了一份三万六千字的《重庆党组织破坏经过和狱中情形的报告》，提交给了当时的重庆市委，而这份报告，就是同志们在牺牲前的那段时间集体讨论的结晶。报告的最后一章，也是最重要的一部分，里面是狱中同志在生命的最后一刻向党总结出的八条意见，是他们最后的嘱托。

一、防止领导成员腐化；

二、加强党内教育和实际斗争的锻炼；

三、不要理想主义，对上级也不要迷信；

四、注意路线问题，不要从“右”跳到“左”；

五、切勿轻视敌人；

六、重视党员特别是领导干部的经济、恋爱和生活作风问题；

七、严格进行整党整风；

八、惩办叛徒、特务。

历史是最好的教科书。重温党史，可以以史鉴今、资政育人。渣滓洞、白公馆里的两百多位革命志士在65年前留下的这“狱中八条”，用鲜血和生命写成，用教训与反思写成。“狱中八条”一针见血地指出了在残酷的革命战争环境下，一个政党的思想建设、组织建设、作风建设是多么重要，一个共产党人的理想信念、组织纪律、道德情操是多么重要。今天，在改革开放的时代进程中，中国共产党人既肩负着引领中华民族走向伟大复兴的历史使命，也仍然面对着与65年前那些先辈同样的考验。再过几天，12月4日，就是新一届中央领导集体提出关于改进工作作风、密切联系群众的八项规定两周年的日子。两年来，全党深入落实八项规定精神、反对“四风”的努力，与65年前革命先辈们的这份厚重思考，精神相通，使命相连。这份来自历史又充满现实意义的思考，是今天的中国共产党人增强理想信念的必修课，加强党的自身建设的必修课，也是把党和国家的事业继续推向前进的必修课。（资料来源：新闻联播《走基层·解密“狱中八条”》）

【资料2】中共中央决定给予周永康开除党籍处分

新华社北京2014年12月6日电　12月5日，中共中央政治局会议审议并通过中共中央纪律检查委员会《关于周永康严重违纪案的审查报告》，决定给予周永康开除党籍处分，对其涉嫌犯罪问题及线索移送司法机关依法处理。

2013 年 12 月 1 日，中央政治局常委会召开会议，听取了中央纪委在查办案件中发现的周永康违纪线索情况的汇报，决定开展相应核查工作。2014 年 7 月 29 日，中央政治局召开会议，听取了中央纪委开展核查工作情况的汇报，决定对周永康立案审查。

经查，周永康严重违反党的政治纪律、组织纪律、保密纪律；利用职务便利为多人谋取非法利益，直接或通过家人收受巨额贿赂；滥用职权帮助亲属、情妇、朋友从事经营活动获取巨额利益，造成国有资产重大损失；泄露党和国家机密；严重违反廉洁自律规定，本人及亲属收受他人大量财物；与多名女性通奸并进行权色、钱色交易。调查中还发现周永康其他涉嫌犯罪线索。周永康的所作所为完全背离党的性质和宗旨，严重违反党的纪律，极大损害党的形象，给党和人民事业造成重大损失，影响极其恶劣。

2014 年 12 月 5 日，中央政治局会议审议并通过中央纪委《关于周永康严重违纪案的审查报告》，根据《中国共产党纪律处分条例》的有关规定，决定给予周永康开除党籍处分，将周永康涉嫌犯罪问题及线索移送司法机关依法处理。（资料来源：《人民日报》2014 年 12 月 6 日）

【资料 3】评论员文章：坚决惩治腐败严肃党纪党规

12 月 5 日，中共中央政治局决定给予周永康开除党籍处分，对其涉嫌受贿犯罪问题及线索移送司法机关依法处理。最高人民检察院经审查决定，依法对周永康涉嫌犯罪立案侦查并予以逮捕。这一决定，充分表明了以习近平同志为总书记的党中央，坚定不移维护党的团结统一、坚定不移惩治腐败的坚强意志和鲜明态度，充分体现了我们党坚持党纪国法面前人人平等、反腐没有禁区的原则，充分彰显了我们党坚定维护人民群众根本利益的宗旨信念，深得党心、深得民心。

治国必先治党，治党务必从严。从目前公布的事实来看，周永康滥用职权，收受巨额贿赂、为他人谋取非法利益、泄露党和国家重要机密，严重违反党的政治纪律、组织纪律、保密纪律，所作所为完全背离党的性质和宗旨，极大损害党的形象，给党和人民事业造成重大损失，影响极为恶劣。党中央果断决策，对周永康进行立案审查和严肃处理，这是对党和人民事业的高度负责，是对党的纪律的坚决捍卫，是对社会主义法治的坚定维护。

党与腐败水火不容。腐败现象是侵入党的健康肌体的毒瘤，坚持不懈反对腐败、坚定不移割除腐败毒瘤，是坚持党的性质和宗旨的必然要求，是坚持党的领导、巩固党的执政地位和执政基础的必然要求。党的十八大以来，以习近平同志为总书记的党中央突出强调坚持党要管党、从严治党，提出了一系列明确要求，对腐败现象绝不姑息，对腐败分子绝不手软，坚持“老虎”“苍蝇”一起打，向全党全社会表明，从严治党不是口号，惩治腐败没有例外。“对腐败分子，发现一个就要坚决查处一个。”我们要通过查处周永康严重违纪案件，深入推进反腐败斗争，坚持零容忍的态度、猛药去疴的决心、刮骨疗毒的勇气、严厉惩处的尺度不变，凡腐必反、除恶务尽。

坚决惩治腐败，严肃党纪党规，是我们党有力量的表现，也是全党同志和广大群众的共同愿望。“木受绳则直，金就砺则利。”各级党组织和全体党员特别是各级领导干部要坚决贯彻党中央从严治党的明确要求、切实增强党的观念和政治意识，严守党的政治纪律红线，决不允许阳奉阴违、自行其是，确保全党在思想上、政治上、行动上同以习近平同志为总书记的党中央保持高度一致，自觉维护中央权威。严明党的组织纪律，坚决反对拉帮结派、搞团团伙伙，决不允许在党内搞任何形式的非组织活动，维护党的团结统一。坚决遏制腐败现象蔓延势头，坚定不移深化反腐败斗争，党员领导干部务必不断加强党性锻炼，加强廉洁自律，始终保持共产党人的浩然正气和廉洁操守，始终保持党的先进性和纯洁性。

治党纪为首，治国法为先。习近平总书记指出，坚决反对腐败，防止党在长期执政条件下腐化变质，是我们必须抓好的重大政治任务。党的十八届四中全会提出全面推进依法治国，对党风廉政建设和反腐败工作提出了新要求。继续保持反腐败高压态势，继续坚持严格依规治党，不断增强自我净化、自我完善、自我革新、自我提高的能力，我们党就一定能够始终成为中国特色社会主义事业的坚强领导核心。（资料来源：《人民日报》2014 年 12 月 6 日）

【方案 6】案例分析——袁隆平的成功“秘诀”

在讲授“立志高远与始于足下”时，组织学生阅读文章《袁隆平：我成功的“秘诀”——知识、汗水、灵感、机遇》，使学生了解勇于实践、艰苦奋斗是实现理想的根本途径，通过向袁隆平同志学习，积极践行艰苦奋斗的精神，刻苦学习、不畏艰难、顽强拼搏、把握机遇，勇敢地追寻自己的梦想。

【资料】袁隆平：我成功的“秘诀”——知识、汗水、灵感、机遇

经常有人问我，你成功的“秘诀”是什么？其实谈不上什么秘诀，我的体会是八个字：“知识、汗水、灵感、机遇。”

第一，知识是基础，是创新的基础。现在科学技术这么发达，你是个文盲，是不可能成功的。“知识就是力量”，道理大家都很明白。我认为在知识方面不一定要博古通今，成为一个学问家，但是除了要对自己从事的专业很熟悉以外，还应掌握一些相关领域的知识，以开阔视野。要了解最新发展动态，因此你还要懂一些外文，在科学研究中我赞成标新立异，但大方向要把握好，要正确，一定要避免盲目性，以免走进死胡同。过去有聪明人研究“永动机”，这违反了能量守恒的自然规律，走向了死胡同。

第二点，是汗水。任何一个科研成果都来自于深入细致的实干和苦干。育种研究是一门应用科学，要到田里去干，肯定要流汗。我们在攻关的时候，在水稻生产基地每天都背上一个水壶，我带两个馒头，中午下田，顶着太阳一干就是两三个小时，流了很多汗。虽然很辛苦，但是我乐在苦中，因为有很强的希望在激励我。我培养学生，第一要求就是要下试验田，你不下田，我就不培养你，我说书本知识非常重要，电脑技术也很重要，但是书本电脑里面种不出水稻来，只有在田里才能种出水稻来。

第三，要有灵感。我的体会是灵感在科学研究与艺术创作中，具有几乎相等的重要作用。灵感来了，一首好诗、一首好曲就来了，没有灵感，挖空心思、搜肠刮肚也写不出。什么是灵感？我体会它是以思想火花的形式出现，一闪就来了，但一闪又过去了，你要是去找可以找到，往往是由一种外界因素诱发产生。我体会到，灵感是知识、经验、思索和孜孜追求综合在一起的升华产物，它往往在外来因素的刺激下突然产生，擦出火花来。

1997 年，我到江苏农科院观察他们培育的新品种时，其中有一个品种形态吸引了我，我突然一闪念，领悟出了超级杂交稻的株型模式，现在这个模式已经在选育超级杂交稻品种的实际工作中运用。美国的《Science》(《科学》)杂志十分关注，刊登了这个模式，加以介绍。其实那“一闪念”就是灵感。我奉劝从事科学研究的同志，要及时捕捉和运用在探索中孕育和迸发的灵感，做“有心人”，及时捕捉思想火花，不要让它闪丢了。

第四，是机遇。雄性不育野生稻的发现，为杂交水稻研究成功打开了突破口。有的人说我们发现的雄性不育野生稻是靠运气，我看这里是有运气存在，但是不是单纯靠运气呢？我们在设计技术路线时，曾经构想“把杂交育种材料亲缘关系尽量拉大，用一种远缘的野生稻与栽培稻进行杂交”。通过这样来突破优势不明显的关隘。按照这一思路，我和助手到云南、海南去找野生稻。

美国学者唐·帕尔伯格先生曾写下《走向丰衣足食的世界》一书，他在书中谈到，从统计学上看，发现雄性不育野生稻事件明显是一个小概率事件，可是这种奇迹居然发生了。他还列举科学史上一系列偶然事件的巨大作用，如弗莱明研究导致人体发热的葡萄球菌时，观察到无意飘落的青霉菌可将葡萄球菌全部杀死，由此他发明了葡萄球菌的克星——青霉素；爱德华·詹纳看到挤牛奶的女工很少得天花，从而发明了天花接种疫苗……这些发明创造有一个共同特点，就是当事人不仅亲眼看到了这些事物，而且从内心领悟并很快抓到了这些事物的本质。这就是科学研究工作的本质。

机会成就有心人，偶然的东西带给我们的可能就是灵感和机遇，所以我们说偶然性是科学的朋友。科学家的任务，就是要透过偶然性的表面现象，找出隐藏在其背后的必然性。(资料来源：袁隆平在“科学道德和学风建设宣讲教育”报告会上的

讲话）

【方案7】开展"讲历史典故，看逆境成才"演讲会

以"架起通往理想彼岸的桥梁"中《史记·太史公自序》引文为主线，以班级为单位，让学生自愿分组结合，搜集引文中讲述的历史人物和故事，小组推举同学代表讲述"历史人物"成为伟人的艰辛之路。通过讲述引文中的历史典故或人物故事，引导学生以引文中的历史人物为榜样，正确看待人生的顺境和逆境，认识顺境和逆境存在的客观必然性及其辩证关系，勇于迎难而上，创造属于自己的成功之路。

【方案8】观励志电影，写心得体会

在讲授"认清实现理想的长期性、艰巨性和曲折性"相关内容时，组织学生观看《中国合伙人》等中国十大青春励志电影，以"观励志电影，品精彩人生"为题，写一篇观后感，抒发对作品的感受，畅想未来的成才之路。通过活动，使学生了解理想的实现是一个长期而艰巨的过程，在这个过程中既会有"春风得意马蹄疾"的喜悦，也会有"拔剑四顾心茫然"的忧虑，引导学生正确对待人生的顺境和逆境，勇于克服困难，挑战自我。

☞ 资料介绍 ☜

1.《喜剧之王》　1999年

《喜剧之王》是1999年票房最高的一部影片，是由李力持导演，周星驰、张柏芝主演的大陆喜剧。该影片中周星驰虽然以搞笑为主，但内容却相当悲剧化：描述一个实力派演员在明星制度下难有出头的悲剧，有媒体说这是周星驰早年演艺生涯的影射。

2.《逆光飞翔》　2012年

《逆光飞翔》是一部2012年的台湾电影，张荣吉花两年时间重新打造的全新剧本，改编自真人真事，描述一名全盲钢琴家与梦想成为舞者的女孩，一段好友互相鼓励勇敢逐梦的历程。

3.《转山》　2011年

电影《转山》改编自同名畅销书，原著记录了作者谢旺霖骑行2000多公里到达西藏的旅程，这个崇尚自由的流浪故事令无数年轻人向往。电影《转山》想传达给人的是一股梦想和不屈的力量。

4.《背起爸爸上学》　1998年

影片根据甘肃庆阳中学的学生李勇的真实事迹改编，讲述了一个山区孩子在逆境中刻苦求学的故事，无论是影片中，还是现实世界里，主人公石娃用瘦弱的身躯背起的不仅仅是生病的父亲，而是一个沉重又充满希望的未来。

5.《中国合伙人》 2013 年

中国合伙人是由香港导演陈可辛执导，黄晓明、邓超、佟大为主演，讲述由20世纪80年代至21世纪初，大时代下三个年轻人从学生年代相遇、相识，拥有同样的梦想至一起打拼事业，共同创办英语培训学校，最后功成名就实现梦想的励志故事。该片浓缩了一代创业者的成长历程，具有一定的时代意义。

6.《我要成名》 2006 年

《我要成名》是2006年亚洲第一电影有限公司出品的一部电影，由香港导演刘国昌执导，霍思燕、刘青云等主演。该片讲述了一位到香港演艺圈发展的内地女孩，她历经种种磨难，在经纪人帮助下最终问鼎威尼斯影后的故事。

7.《听说》 2009 年

《听说》由郑芬芬编剧并执导，由彭于晏、陈意涵、陈妍希主演，于2009年在台湾上映。电影以听障为题，片中描述彭于晏饰演的外送便当的善良大男孩，受到在游泳池替姐姐加油打气的女孩吸引，决定跨越沟通的障碍，以手语互诉衷情。电影以独特清新的拍摄风格，强调“爱”与“沟通”的力量，是一部充满亲情温暖与青春爱情的电影。

8.《杜拉拉升职记》 2010 年

《杜拉拉升职记》是徐静蕾自导自演的都市爱情影片。黄立行、吴佩慈、莫文蔚等倾情出演。影片讲述了都市白领杜拉拉从一个默默无闻的职员，经过自己的不懈努力，终于成长为一个企业高管的故事。

9.《北京你好》 2005 年

影片的编导秦浩键、金琛，将关注的镜头对准了闯荡北京、追求人生理想的几个外地青年身上，记述他们为追求梦想而表现出来的幸喜、坚韧、执著、困顿、迷惘的复杂情感和奋斗经历，用真实艺术的影像画面，呈现在每一个观众和有着相似人生感受的追梦人的面前，引起反响，产生共鸣。此片获“2007大学生电影节最佳影片奖”。

10.《奋斗》 2011 年

《奋斗》是马伟豪2011年导演的一部励志青春剧，该剧根据石康同名小说《奋斗》改编而成，描述了一群一直秉承着善良、勇敢与坚持，并最终在生活中找到自己位置的年轻人勇于奋斗的故事。

【方案9】“我的梦·中国梦”主题系列活动

在学习理想信念基本理论的基础上，帮助学生了解中国梦的相关知识，并以“我的梦·中国梦”为主题开展系列活动，不断增强“中国梦”对学生的吸引力、感染力、影响力，引导学生树立为实现伟大“中国梦”而努力奋斗的理想信念。

【活动一】观看纪录片《百年潮 · 中国梦》

【资料】《百年潮 · 中国梦》

第一集《百年追梦》

主要讲述“中国梦”的由来，什么是“中国梦”，怎样理解“中国梦”，“中国梦”的提出引发的“世界回响”，以及“中国梦”的基本内涵。

第二集《中国道路》

论述了中国向何处去，指出中国必须走中国特色社会主义道路，以及坚持和发展中国特色社会主义，必须始终以社会主义初级阶段为总依据。

第三集《中国精神》

讲述了中国精神的基本内涵，就是以爱国主义为核心的民族精神，以改革创新为核心的时代精神。论述了中国精神是凝心聚力的兴国之魂、强国之魄，以及中国精神对中国优秀传统文化核心理念的继承和发扬，全社会的思想道德建设是中国人精神家园不竭的源泉。

第四集《中国力量》

论述了实现“中国梦”，必须凝聚中国力量，这就是中国各族人民大团结的力量。“中国梦”是民族梦，也是每个人的梦。同时论述了凝聚中国力量，基础是经济力，核心是文化力量，关键是制度保障等问题。

第五集《筑梦天下》

论述了“中国梦”是人类社会共同梦想中的一块美妙拼图，因此，“中国梦”是维护世界和平之梦，是推动合作共赢之梦。论述了“中国梦”对世界意味着什么。

【活动二】资料学习——习近平同志关于“中国梦”的系列讲话

【资料】习近平同志“中国梦”系列讲话(节选)

1.《承前启后　继往开来　继续朝着中华民族伟大复兴目标奋勇前进——在参观“复兴之路”展览时的讲话》(2012 年 11 月 29 日)

“每个人都有理想和追求，都有自己的梦想。现在，大家都在讨论中国梦，我以为，实现中华民族伟大复兴，就是中华民族近代以来最伟大的梦想。这个梦想，凝聚了几代中国人的夙愿，体现了中华民族和中国人民的整体利益，是每一个中华儿女的共同期盼。历史告诉我们，每个人的前途命运都与国家和民族的前途命运紧密相连。国家好，民族好，大家才会好。实现中华民族伟大复兴是一项光荣而艰巨的事业，需要一代又一代中国人共同为之努力。空谈误国，实干兴邦。我们这一代共产党人一定要承前启后、继往开来，把我们的党建设好，团结全体中华儿女把我们国家建设好，把我们民族发展好，继续朝着中华民族伟大复兴的目标奋勇前进。”

2.《接受金砖国家媒体联合采访(摘录)》(2013 年 3 月 19 日)

“实现中华民族伟大复兴的中国梦，是近代以来中华民族的夙愿。1840 年鸦片战争以后，中华民族蒙受了百年的外族入侵和内部战争，中国人民遭遇了极大的灾难和痛苦，真正是苦难深重、命运多舛。中国人民发自内心地拥护实现中国梦，因为中国梦首先是 13 亿中国人民的共同梦想。”

中国人自古就主张和而不同。我们希望，国与国之间、不同文明之间能够平等交流、相互借鉴、共同进步，各国人民都能够共享世界经济科技发展的成果，各国人民的意愿都能够得到尊重，各国能够齐心协力推动建设持久和平、共同繁荣的和谐世界。

3.《共同创造亚洲和世界的美好未来——在博鳌亚洲论坛 2013 年年会上的主旨演讲(摘录)》(2013 年 4 月 7 日)

“去年 11 月，中国共产党召开了第十八次全国代表大会，明确了中国今后一个时期的发展蓝图。我们的奋斗目标是，到 2020 年国内生产总值和城乡居民人均收入在 2010 年的基础上翻一番，全面建成小康社会；到本世纪中叶建成富强民主文明和谐的社会主义现代化国家，实现中华民族伟大复兴的中国梦。展望未来，我们充满信心。

我们也认识到，中国依然是世界上最大的发展中国家，中国发展仍面临着不少困难和挑战，要使全体中国人民都过上美好生活，还需要付出长期不懈的努力。我们将坚持改革开放不动摇，牢牢把握转变经济发展方式这条主线，集中精力把自己的事情办好，不断推进社会主义现代化建设。”

4.《在同各界优秀青年代表座谈时的讲话(摘录)》(2013 年 5 月 4 日)

“为实现中华民族伟大复兴的中国梦而奋斗，是中国青年运动的时代主题。共青团要在广大青少年中深入开展”我的中国梦”主题教育实践活动，为每个青少年播种梦想、点燃梦想，让更多青少年敢于有梦、勇于追梦、勤于圆梦，让每个青少年都为实现中国梦增添强大青春能量。要用中国梦打牢广大青少年的共同思想基础，教育和帮助青少年树立正确的世界观、人生观、价值观，永远热爱我们伟大的祖国，永远热爱我们伟大的人民，永远热爱我们伟大的中华民族，坚定跟着党走中国道路。要用中国梦激发广大青少年的历史责任感，发扬‘党有号召、团有行动’

的光荣传统，在党和国家工作大局中找准自身工作的切入点和结合点，组织动员广大青少年支持改革、促进发展、维护稳定。要积极为广大青少年实现梦想提供服务，切实改进作风，深入基层、走进青年，想青年之所想，急青年之所急，代表和维护青少年普遍性利益诉求，努力为广大青少年成长成才创造良好环境。”

5.《勇做走在时代前面的奋进者开拓者奉献者——给北京大学学生的回信(摘录)》(2013 年 5 月 5 日)

“你们在信中写到，中国梦让你们感受到了一份同心奋进的深沉力量，让你们更加懂得了当代青年所肩负的历史责任。说得很好。中国梦是国家的梦、民族的梦，也是包括广大青年在内的每个中国人的梦。‘得其大者可以兼其小。’只有把人生理想融入国家和民族的事业中，才能最终成就一番事业。希望你们珍惜韶华、奋发有为，勇做走在时代前面的奋进者、开拓者、奉献者，努力使自己成为祖国建设的有用之才、栋梁之材，为实现中国梦奉献智慧和力量。”

6.《接受拉美三国媒体联合书面采访(摘录)》(2013 年 5 月 31 日)

“实现中国梦，必须坚持中国特色社会主义道路。我们已经在这条道路上走了 30 多年，历史证明，这是一条符合中国国情、富民强国的正确道路，我们将坚定不移地沿着这条道路走下去。

实现中国梦，必须弘扬中国精神。用以爱国主义为核心的民族精神和以改革创新为核心的时代精神振奋起全民族的‘精气神’。

实现中国梦，必须凝聚中国力量。空谈误国，实干兴邦。我们要用 13 亿中国人的智慧和力量，一代又一代中国人不懈努力，把我们的国家建设好，把我们的民族发展好。

实现中国梦，必须坚持和平发展。我们将始终不渝走和平发展道路，始终不渝奉行互利共赢的开放战略，不仅致力于中国自身发展，也强调对世界的责任和贡献；不仅造福中国人民，而且造福世界人民。实现中国梦给世界带来的是和平，不是动荡；是机遇，不是威胁。”

7.《顺应时代前进潮流促进世界和平发展——在莫斯科国际关系学院的演讲(摘录)》(2013 年 3 月 23 日)

“实现中华民族伟大复兴，是近代以来中国人民最伟大的梦想，我们称之为‘中国梦’，基本内涵是实现国家富强、民族振兴、人民幸福。中华民族历来爱好和平。近代以来，中国人民蒙受了外国侵略和内部战乱的百年苦难，深知和平的宝贵，最需要在和平环境中进行国家建设，以不断改善人民生活。中国将坚定不移走和平发展道路，致力于促进开放的发展、合作的发展、共赢的发展，同时呼吁各国共同走和平发展道路。中国始终奉行防御性的国防政策，不搞军备竞赛，不对任何国家构成军事威胁。中国发展壮大，带给世界的是更多机遇而不是什么威胁。我们要实现的中国梦，不仅造福中国人民，而且造福各国人民。”

8.《同奥巴马总统共同会见记者时的讲话(摘录)》(2013年6月7日)

“我明确告诉奥巴马总统，中国将坚定不移走和平发展道路，坚定不移深化改革、扩大开放，努力实现中华民族伟大复兴的中国梦，努力促进人类和平与发展的崇高事业。

中国梦要实现国家富强、民族复兴、人民幸福，是和平、发展、合作、共赢的梦，与包括美国梦在内的世界各国人民的美好梦想相通。”(资料来源：《人民日报》2013年7月24日)

【活动三】主题演讲——青春中国志，腾飞中国梦

在观看纪录片《百年潮·中国梦》、学习习近平同志关于“中国梦”系列讲话的基础上，组织开展以“青春中国志，腾飞中国梦”为主题的演讲活动。通过对民族复兴的伟业、改革开放的大业、国家发展的远景、人民群众及个人对美好生活追求的无限畅想和激情演讲，引导学生深化对“中国梦”的认识，坚定学生对中国特色社会主义道路的信念和实现中华民族伟大复兴的信心。

具体方案：

围绕七种不同颜色的“中国梦”，选取其中一种，进行每人3分钟以内、600字左右的演讲比赛。

1. 红色——强国梦：引导学生树立爱国之心，强国之愿、报国之志，强化责任感和使命感，努力成为中国梦的积极实践者。

2. 橙色——志愿梦：引导学生建设奉献、友爱、互助、进步的集体，共创和谐校园。

3. 黄色——健康梦：引导学生提出关于自己、朋友、家人身体健康、心理健康、兴趣爱好等方面的梦想，珍爱生命、健康生活、文明做人、安全出行。

4. 绿色——环保梦：引导学生提出节能、低碳等保护地球家园方面的梦想，环保行动从自己做起，手拉手共建“美丽中国”。

5. 青色——文化梦：引导学生提出关于弘扬优秀传统文化方面的梦想，继承并发扬源远流长的中华文明。

6. 蓝色——科技梦：引导学生提出关于探究飞天、潜海、电子科技、生活科学、科技与我们的未来等方面的梦想，树立勤奋学习、科技强国之梦。

7. 紫色——幸福梦：引导学生提出关于幸福的梦想，做幸福生活的实践者和推动者。

【活动四】微电影大赛——我以微力量推动中国梦

以“我以微力量推动中国梦”为主题，把微电影引入《思想道德修养与法律基础》课程教学中，鼓励学生创作优秀作品，用艺术的手段将个人梦融入祖国富强和民族复兴的“中国梦”之中，勇敢地担负起历史的责任和使命，努力成为实现“中国梦”的生力军。

具体要求：

1. 作品名称自定，参赛题材需特别注明类别：环境类、风尚类、生活类、梦想类、其他类，共五大系列题材。

2. 作品要求思想健康、积极向上，充满青春气息，提倡探索和创新，突出大学生的全新创意和独特视角。

3. 影片时长5~15分钟。参赛作品片头字幕必须注明参赛作品名称，片尾字幕注明主创人员及任职。

4. 本次微电影大赛注重作品的原创性、公平性。

类别	内容(可在下列题材中任选一项创作)
环境类	1. 家乡之美；2. 生态环境变化之美；3. 绿色经济发展之美；4. 校园景致人文之美；5. 人与自然和谐相处之美
风尚类	记录身边的感动和最美风尚：1. 反映人物爱国、敬业；2. 反映人物勤劳、节俭；3. 反映人物诚信、友善；4. 反映人物励志、感恩；5. 反映班级、团体共同奋斗，攻坚克难
生活类	1. 展现当下最幸福、最时尚的生活风貌和生活方式；2. 展现纯朴、多姿多彩的民俗、民风、民情；3. 展现人们追求幸福生活的奋斗历程，最令人感怀的生存变迁；4. 展现丰富多彩的校园生活和社团活动
梦想类	1. 展现个人在追逐人生理想、实现人生价值、憧憬美好明天的“草根梦”；2. 展现富民强省的发展梦；3. 畅想中华民族伟大复兴的“中国梦”

【活动五】“中国梦·爱中国”知识竞赛

为使学生深刻理解“中国梦”的内涵，组织学生采用电子邮件、发放问卷、网络答题等多种形式开展以“中国梦·爱中国”为主题的知识竞赛。通过活动，使学生了解“我的梦”和“中国梦”之间相互统一、相辅相成的关系，为早日实现“中国梦”而努力学习。

【资料】“中国梦·爱中国”知识竞赛题

1. 2012年11月29日，习近平总书记在参观《复兴之路》展览时，对“中国梦”进行了深情阐释：“我以为，(　　)，就是中华民族近代以来最伟大的梦想。”

A. 全面建成小康社会

B. 实现中华民族伟大复兴

C. 国内生产总值跃居世界第一

2. 实现中华民族伟大复兴的中国梦，就是要实现(　　)。

A. 国家强大、民族独立、人民幸福

B. 国家富强、民族振兴、人民幸福

C. 政治民主、经济发达、社会和谐

3. 实现中国梦必须走中国道路，这就是(　　)。

A. 中国特色社会主义道路

B. 改革开放道路

C. 和平发展道路

4. 实现中国梦必须弘扬中国精神。这就是以(　　)为核心的民族精神，以改革创新为核心的时代精神。

A. 爱国主义　　B. 社会主义　　C. 集体主义

5. 中国梦归根到底是(　　)，必须紧紧依靠人民来实现，必须不断为人民造福。

A. 人民的梦　　B. 民族的梦　　C. 无数仁人志士的梦

6. 经过几千年的沧桑岁月，把我国 56 个民族、13 亿多人紧紧凝聚在一起的，是我们共同经历的非凡奋斗，是我们共同创造的美好家园，是我们共同培育的民族精神，而贯穿其中的、最重要的是(　　)。

A. 血浓于水的同胞之情

B. 中华民族的文化

C. 我们共同坚守的理想信念

7. 生活在我们伟大祖国和伟大时代的中国人民，共同享有人生出彩的机会，共同享有梦想成真的机会，共同享有(　　)的机会。

A. 分享改革发展成果

B. 发挥自己的聪明才智

C. 同祖国和时代一起成长与进步

8. 中国梦是国家的、民族的，也是(　　)。

A. 每一个中国人的　　B. 每一个青年人的　　C. 每一个爱国人士的

9. 近代来，我国青年不懈追求的美好梦想，始终与(　　)的历史进程紧密相连。

A. 富民强国　　B. 民族复兴　　C. 振兴中华

10. 现在，我们比历史上任何时期都更接近(　　)的目标，比历史上任何时期都更有信心、有能力实现这个目标。

A. 中华民族伟大复兴　　B. 全面建成小康社会　　C. 实现社会主义现代化

11. 2013 年 6 月 7 日，国家主席习近平在美国加州庄园与美国总统奥巴马举行中美元首第一次会晤时表示：中国梦要实现国家富强、民族复兴、人民幸福，是(　　)的梦。

A. 和平、发展、合作、共赢

B. 和平、发展、友好、共赢

C. 和平、互惠、合作、共赢

12. 中国共产党第十八次全国人民代表大会，是在我国进入(　　)小康社会决定性阶段召开的一次十分重要的大会。

A. 全面建设　　B. 全面建成　　C. 全面建立

13. 党的十八大报告指出，十年来，我们取得了一系列新的历史性成就，为全面建成小康社会打下了坚实基础。我国经济总量从世界第六位跃升到(　　)，社会生产力、经济实力、科技实力迈上一个大台阶。

A. 第二位　　B. 第三位　　C. 第四位

14. "两个一百年"的奋斗目标，是指在中国共产党成立一百年时全面建成小康社会，在新中国成立一百年时建成(　　)。

A. 富强民主文明的国家

B. 富强民主文明和谐的社会主义现代化国家

C. 世界第一强大国家

15. 全面建成小康社会，加快推进社会主义现代化，实现中华民族伟大复兴，必须坚定不移走(　　)道路。

A. 改革开放　　B. 和平发展　　C. 中国特色社会主义

四、实践教学过程应注意的问题

1. 本专题内容主要讲述理想和信念及其实现，然而理想和信念又是比较抽象的词语，如何把抽象的概念具体化、现实化，成为本章教学的难点，必须选取合适的方式，增强学生的感性认识。

2. 理想和信念并不是"虚无缥缈"的空想、幻想，而是能够真真切切地对学生思想和行为产生巨大影响和作用。马克思主义科学理想和信念很给力，能直接激励和指导学生们向着自己的人生目标不断前进；错误的理想和信念将会使学生们看不清人生前进的方向，甚至会误入歧途，永远达不到人生的目标，因而需要通过生动、具体的形式来开展教学实践活动，激励学生自觉树立科学理想信念并为之努力奋斗。

3. 理想的实现是长期的、艰巨的和曲折的过程，从来就不是一帆风顺的，其间人生顺境与逆境总是如影随形。必须在教学过程中引导学生科学理解人生顺境与逆境的辩证关系，正确对待人生逆境，为实现人生目标培育良好的心理素质。

4. 中国梦是一个内容丰富的范畴。在实践教学过程中，引导学生从中国梦的背景、内涵、本质、目标、实现路径等多方面加以理解和把握，自觉把人生追求同国家前途、民族命运紧密联系，刻苦学习、努力奋斗，在实现中国梦的伟大实践中放飞青春梦想。

专题三 爱国志 故乡情 中国心

一、知识点

1. 爱国主义的科学内涵和基本要求。
2. 爱国主义的优良传统及其时代价值。
3. 爱国主义与爱社会主义和拥护祖国统一。
4. 爱国主义与经济全球化。
5. 爱国主义与弘扬中国精神。
6. 如何做忠诚的爱国者。

二、实践教学的目的和要求

爱国主义是民族复兴的伟大旗帜。在长期的历史过程中，爱国主义已经成为中华民族的精神内核，对于挽救民族危机、实现民族复兴发挥着重大的作用。

本专题实践教学，旨在通过影视、材料和图片展示等多种活动方式，使学生把握爱国主义的科学内涵和基本要求，认识中华民族爱国主义的优良传统和时代价值；了解在当代中国，爱国主义与爱社会主义和拥护祖国统一的一致性；明确中国精神的内涵和重大意义，自觉培养民族自尊心和自豪感；增强国防观念和国家安全意识，做新时期忠诚的、坚定的爱国者。

三、实践教学方案

【方案1】问卷调查——大学生爱国意识

在讲授本专题之前，对当前大学生爱国意识进行问卷调查，深入了解当代大学生在爱国主义方面的现状与问题，帮助学生正确认识爱国主义的科学内涵，继承爱国主义优良传统，弘扬中国精神，做一个忠诚的爱国者。

【资料】大学生爱国意识调查问卷

1. 您已是一名大学生，您觉得在过去的学习中，接受的爱国主义教育多吗？(　　)

A. 小学、初中、高中的时候接受的爱国主义教育都很多

B. 小学的时候接受的爱国主义教育较多些，但是初中、高中就很少，几乎没有接触爱国主义教育

C. 小学、初中、高中的时候都没有接受过爱国主义教育

D. 对不起，没有什么印象

2. 您觉得爱国主义精神对一个国家的公民来说是否重要？(　　)

A. 非常重要　　B. 重要

C. 不重要　　D. 无所谓

3. 您对当前大学生爱国主义教育的看法？(　　)

A. 内容丰富深刻，感染力强　　B. 一般

C. 内容空洞陈腐，说教意味强　　D. 说不好

4. 您认为以下哪方面对爱国主义教育的影响最大？(　　)

A. 家庭潜移默化　　B. 课本知识

C. 社会舆论　　D. 其他

5. 您对我国源远流长的传统文化了解多少？(　　)

A. 非常了解　　B. 比较了解

C. 了解一点　　D. 基本不了解

6. 您觉得在和平年代，弘扬敢于奉献、敢于牺牲的爱国主义精神具有现实意义吗？(　　)

A. 非常有意义，没有革命先烈们敢于奉献、敢于牺牲的爱国主义精神，哪有我们现在安居乐业的生活，我们要时刻记得他们这种精神，并将之传承下去

B. 有意义，但是在和平年代强调敢于牺牲的精神有点杞人忧天

C. 没有意义，和平年代，强调敢于奉献、敢于牺牲的爱国主义精神是不合理的，我们应该保持平静的心态，好好生活就好，就算为构建和谐社会做贡献了

D. 爱国主义精神离我太远，我也不清楚有没有现实意义

7. 目前，我国经济飞速发展，国际声望越来越高，您是否感到了强烈的民族自豪感？(　　)

A. 非常自豪，为我们国家的进步喝彩

B. 自豪，我们的国家慢慢步入大国的行列，但是和发达国家比起来还有很大一段距离

C. 没有自豪感，我们国家的体制不太健全，国民的素质还不够高，和西方的发达国家相比有一定差距

D. 对国家的发展不太了解

8. 当今世界综合国力的竞争，核心是(　　)的竞争

A. 科技和人才　　B. 国防实力

C. 经济实力　　D. 文化软实力

9. 我国的国防属于什么类型？(　　)

A. 扩张型　　B. 联盟型

C. 中立型　　D. 自卫型

10. 对于您而言，在什么情况下会激发爱国热情？(　　)

A. 时刻都拥有爱国热情

B. 当发生某些事(如“钓鱼岛事件”)时会激发我的爱国热情

C. 偶尔会想起，但是对爱国主义的概念不清楚，不知道怎么做

D. 从未想过

11. 如果您打算出国留学，您最大的动机是什么？(　　)

A. 学习先进的科学文化知识，回来为国效力

B. 感受和了解异国文化，丰富自己

C. 深造自己，在国外寻求更好的发展

D. 提升将来回国求职的竞争能力

12. 您觉得示威游行是一种好的表达爱国主义精神的方式吗？(　　)

A. 是，示威游行表达了我们对时事的态度，更体现了坚持反抗的精神

B. 应该是，现在我们都不知道怎样表达自己的爱国情绪，爱国示威游行就是一个不错的平台

C. 不是，示威游行不过是冲动造成的结果。我们要冷静下来，爱国不是呐喊，而是要在行动中实践

D. 无法判断

13. 您如何评价当代大学生的爱国行为？(　　)

A. 当代大学生对爱国主义没什么认识，更不会为表现爱国去付诸行动

B. 当代大学生时刻关注国家利益，并通过理性的思考有效地实践爱国行为

C. 当代大学生具有强烈但不正确的爱国思想，表现出一些偏激的爱国行为

D. 在国家有需要的时候义不容辞

14. 您认为下列哪些属于理性的爱国行为？(　　)(可多选)

A. 抵制外国货　　B. 尽量支持民族产业

C. 参加示威游行活动　　　　　D. 向周围的人宣传爱国主义
E. 仇视反对中国的国家和组织　F. 努力学习和工作，报效祖国

15. 现在网上反日倾向非常严重，在QQ、论坛等经常能见到对日本进行强烈抨击或辱骂的文字、图片，对此您的反应是(　　)(可多选)

A. 认为很无聊，置之不理　　　B. 强烈反感
C. 觉得写得很好，很解恨　　　D. 不是理性的做法
E. 继续传播这些内容

【方案2】诗歌朗诵会——忆革命先烈、抒爱国情怀、燃热血青春

“诗言志，歌咏言，承以载道。”在学习“爱国主义的科学内涵”时，组织学生开展以“忆革命先烈、抒爱国情怀、燃热血青春”为主题的诗歌朗诵比赛，使学生充分领略诗歌的意境和魅力、感受祖国文化的宏大和壮美，激发学生学习爱国主义知识的兴趣和动力。

【资料1】梁启超《少年中国说》

任公曰：造成今日之老大中国者，则中国老朽之冤业也。制出将来之少年中国者，则中国少年之责任也。彼老朽者何足道，彼与此世界作别之日不远矣，而我少年乃新来而与世界为缘。如僦屋者然，彼明日将迁居他方，而我今日始入此室处。将迁居者，不爱护其窗栊，不洁治其庭庑，俗人恒情，亦何足怪！若我少年者，前程浩浩，后顾茫茫。中国而为牛为马为奴隶，则烹脔棰鞭之惨酷，惟我少年当之。中国如称霸宇内，主盟地球，则指挥顾盼之尊荣，惟我少年享之。于彼气息奄奄与鬼为邻者何与焉？彼而漠然置之，犹可言也。我而漠然置之，不可言也。使举国之少年而果为少年也，则吾中国为未来之国，其进步未可量也。使举国之少年而亦为老大也，则吾中国为过去之国，其澌亡可翘足而待也。

故今日之责任，不在他人，而全在少年。少年智则国智，少年富则国富，少年强则国强，少年独立则国独立，少年自由则国自由，少年进步则国进步，少年胜于欧洲，则国胜于欧洲，少年雄于地球，则国雄于地球。红日初升，其道大光；河出伏流，一泻汪洋，潜龙腾渊，鳞爪飞扬；乳虎啸谷，百兽震惶；鹰隼试翼，风尘吸张。奇花初胎，矞矞皇皇；干将妇硎，有作其芒。天戴其苍，地履其黄，纵有千古，横有八荒，前途似海，来日方长。美哉我少年中国，与天不老；壮哉我中国少年，与国无疆。

【资料2】舒婷《祖国啊　我亲爱的祖国》

我是你河边上破旧的老水车
数百年来纺着疲惫的歌

我是你额上熏黑的矿灯
照你在历史的隧洞里蜗行摸索
我是干瘪的稻穗；是失修的路基
是淤滩上的驳船
把纤绳深深
勒进你的肩膊
——祖国啊
我是贫困
我是悲哀
我是你祖祖辈辈
痛苦的希望啊
是“飞天”袖间
千百年来未落到地面的花朵
——祖国啊
我是你簇新的理想
刚从神话的蛛网里挣脱
我是你雪被下古莲的胚芽
我是你挂着眼泪的笑窝
我是新刷出的雪白的起跑线
是绯红的黎明
正在喷薄
——祖国啊
我是你十亿分之一
是你九百六十万平方的总和
你以伤痕累累的乳房喂养了
迷惘的我，深思的我，沸腾的我
那就从我的血肉之躯上去取得
你的富饶，你的荣光，你的自由
——祖国啊
我亲爱的祖国

【资料3】王怀让《我骄傲，我是中国人！》

在无数蓝色的眼睛和褐色的眼睛之中，
我有着一双宝石般的黑色眼睛。
我骄傲，我是中国人！

在无数白色的皮肤和黑色的皮肤之中，
我有着大地般黄色的皮肤，
我骄傲，我是中国人！
我是中国人——
黄土高原是我挺起的胸脯，
黄河流水是我沸腾的热血，
长城是我扬起的手臂，
泰山是我站立的脚跟。
我是中国人——
我的祖先最早走出森林，
我的祖先最早开始耕耘。
我是指南针、印刷术的后裔，
我是圆周率、地动仪的子孙。
在我的民族中，
不光有史册上万古不朽的
孔夫子，司马迁，李自成，孙中山，
还有那文学史上万古不朽的
花木兰，林黛玉，孙悟空，鲁智深。
我骄傲，我是中国人！
我是中国人——
我那黄河一样粗犷的声音，
不光响在联合国的大厦里，
大声发表着中国的议论，
也响在奥林匹克的赛场上，
大声高喊着“中国得分”。
当掌声把五星红旗托上蓝天，
我骄傲，我是中国人！
我是中国人——
我那长城一样的巨大手臂，
不光把采油机钻杆钻进
预言打不出石油的地心，
也把通信卫星送上祖先
梦里也没有到过的白云。
当五大洋倾听东方声音的时候，
我骄傲，我是中国人。

我是中国人——
我是莫高窟壁画的传人，
让翩翩欲飞的壁画与我们同住。
我就是飞天，
飞天就是我们。
我骄傲，我是中国人！

【方案3】爱祖国·赞家乡——家乡文化进课堂主题系列活动

家乡文化是哺育人的精神之粮，滋养人的文化之源。在讲授“爱祖国的大好河山”时，组织开展“爱祖国·赞家乡——家乡文化进课堂”主题系列活动。通过丰富多彩的主题活动，引导学生充分认识和了解家乡文化，对家乡因了解而自豪，因成就而骄傲，进而激发学生的爱国之情和报国之志。

【活动一】PPT演示——我秀我家乡

组织学生通过报刊、互联网等方式收集有关家乡的文字、图片、视频等资料，整理后以PPT演示的方式来展示自己美丽的家乡，内容可以包括家乡的地理位置、历史文化、民俗风情、特色工艺、旅游景点、经济发展、自然资源等多个方面。通过活动，加深学生对祖国各地风土人情的了解，增强对祖国大好河山的热爱之情。

【资料】中国著名旅游城市宣传语

北京市——东方古都，长城故乡
天津市——天天乐道，津津有味
邯郸市——游名城邯郸，品古赵文化
石家庄——红色西柏坡，多彩石家庄
秦皇岛——长城滨海画廊，四季休闲天堂
太原市——唐风晋韵，锦绣太原
呼和浩特——天堂草原，魅力青城
赤峰市——梦里草原，神奇赤峰
哈尔滨市——冰城夏都，风情哈尔滨
沈阳市——一朝发祥地，两代帝王宫
济南市——趵突神韵甲天下，济南潇洒胜江南
曲阜市——孔子故里，东方圣城
日照市——游山登五岳，赏海去日照
威海市——拥抱碧海蓝天，体验渔家风情
无锡市——太湖明珠，中国无锡

吴江市——千年水乡，万秀吴江
长沙市——多情山水，天下洲城
张家界——境界张家界，止于神奇
汕头市——海风潮韵，世纪商都
中山市——伟人故里，锦绣中山
桂林市——山水甲天下，魅力新桂林
三亚市——天涯芳草，海角明珠
乐山市——乐山乐水乐在其中
丽江市——七彩云南，梦幻丽江
香格里拉——心之旅，风之行
兰州市——黄河明珠，丝路重镇，水车之都
银川市——塞上明珠，中国银川
西安市——龙在中国，根在西安

【活动二】视频播放——《舌尖上的中国》

《舌尖上的中国》通过中华美食的多个侧面，来展现中华饮食文化的精致和源远流长。通过观看视频，使学生“因爱中国美食，而更爱中国文化”，加深学生对祖国灿烂文化的了解和热爱。

【资料】舌尖上的中国

第1集 自然的馈赠

中国拥有世界上最富戏剧性的自然景观，高原、山林、湖泊、海岸线。这种地理跨度有助于物种的形成和保存，任何一个国家都没有这样多潜在的食物原材料。为了得到这份自然的馈赠，人们采集，捡拾，挖掘，捕捞。穿越四季，本集将展现美味背后人和自然的故事。

第2集 主食的故事

主食通常提供了人类所需要的大部分卡路里。中国人的烹调手艺与众不同，从最平凡的一锅米饭，一个馒头，到变化万千的精致主食，都是中国人辛勤劳动，经验积累的结晶。然而，不管吃下了多少酒食菜肴，主食，永远都是中国人餐桌上最后的主角。

第3集 转化的灵感

在吃的法则里，风味重于一切。中国人从来没有把自己束缚在一张乏味的食品清单上。人们怀着对食物的理解，在不断的尝试中寻求着转化的灵感。

第 4 集　时间的味道

时间是食物的挚友，时间也是食物的死敌。为了保存食物，我们虽然已经拥有了多种多样的科技化方式，然而腌腊、风干、糟醉和烟熏等古老的方法，在保鲜之余，也曾意外地让我们获得了与鲜食截然不同、有时甚至更加醇厚鲜美的味道。时至今日，这些被时间二次制造出来的食物，依然影响着中国人的日常饮食，并且蕴藏着中华民族对于滋味和世道人心的某种特殊的感触。

第 5 集　厨房的秘密

要统计中国菜的菜品数量、毫无争议地划分菜系，是一件几乎不可能完成的事。烹炒煎炸蒸，火候，食材，调味……有时候，这些显得简单，有时候却又无比复杂。中国的厨房里，藏匿着什么样的秘密？是食材、佐料、调料的配比？是对时间的精妙运用？是厨师们千变万化的烹制手法？这不是一道简单的数学题。

第 6 集　五味的调和

不管在中餐还是在汉字里，神奇的“味”字，似乎永远都充满了无限的可能性。除了舌之所尝、鼻之所闻，在中国文化里，对于“味道”的感知和定义，既起自于饮食，又超越了饮食。也就是说，能够真真切切地感觉到味道的，不仅是我们的舌头和鼻子，还包括中国人的心。

第 7 集　我们的田野

中国人说：靠山吃山、靠海吃海。这不仅是一种因地制宜的变通，更是顺应自然的中国式生存之道。从古到今，这个农耕民族精心使用着脚下的每一寸土地，获取食物的活动和非凡的智慧，无处不在。

【活动三】资料展示——魅力邯郸：我的第二故乡

通过播放视频、图片及文字资料向学生展示古城邯郸博大精深的十大文化脉系，使学生了解内涵丰富的赵文化、历史悠久的太极文化、丰富生动的成语典故文化以及庄严肃穆的红色革命文化等独具邯郸地方特色的文化。通过对邯郸文化的了解，培养学生对第二故乡的热爱之情，并推荐学生阅读《邯郸文化脉系》、《感受邯郸》等介绍邯郸文化的优秀书籍。阅读之后以《邯郸——我的第二故乡》为题写一篇文章，作为本次实践教学活动的总结和成果。

【资料1】邯郸灿烂文化

邯郸历史悠久，文化源远流长。早在7300多年前，这里就孕育了新石器时代早期的磁山文化。春秋时期，赵敬侯迁都邯郸，使之成为赵国政治、经济、军事和文化的中心，汉代与西安、洛阳、淄博、成都共享“五都盛名”。境内有不可移动文物保护点1500多处，其中国家级重点文物保护单位9处，省级重点文物保护单位97处。悠久的历史，孕育出邯郸独特的十大文化脉系：博大精深的赵文化、华夏始祖的女娲文化、开启农业文明的磁山文化、脍炙人口的成语典故文化、沉雄刚健的邺都文化、雕刻精美的北齐石窟文化、豪放粗犷的磁州窑文化、感悟人生的梦文化、享誉中外的广府太极拳文化以及雄壮激越的边区革命文化。

【资料2】邯郸资源

邯郸自然资源丰富，是中国著名的焦煤和高品位铁矿产区之一。境内矿产资源种类繁多，初步探明的金属和非金属矿达40多种。煤炭保有储量30多亿吨，铁矿石保有储量2.4亿多吨。农业、畜牧业发达，主要作物有小麦、玉米、稻谷、棉花、花生，是全国主要的粮棉、禽蛋、蔬菜生产基地，主要土特产品有核桃、柿子、花椒、鸭梨、大蒜、辣椒等，农业开发潜力大。

邯郸工业生产门类齐全，城市功能逐步完善，已发展成为一个以能源和原材料工业为主、轻重工业并举的综合性工业城市，是我国冶金、煤炭、电力、纺织、陶瓷和建材的重要生产基地。现在邯郸已开通内陆口岸，海关、商品检疫机构完备，是全国信息化试点和“数字城市”示范市。此外，邯郸市已兴办外商投资企业520家，德国西门子、汉堡电力，美国孟山都、金佰利等许多国际知名的跨国公司均在邯郸投资兴业，是全国新材料产业基地。

【活动四】成语大赛——邯郸成语我来猜

邯郸是成语之都，中国现存的成语有四万余条，近半数耳熟能详、脍炙人口的成语均发端于邯郸或与邯郸有或多或少的关联，组织学生围绕内涵丰富的，具有地方特色的邯郸成语开展“邯郸成语我来猜”活动。学生分为若干组，每组两名队员，一名队员描述，一名队员猜词，在规定时间内猜词成功最多的组合即为获胜方。通过此活动，不仅可以使学生体会到成语的魅力，更能加深其对传统文化的认同和喜爱。

【资料】脍炙人口的成语典故文化

邯郸作为国家历史文化名城，其广袤地域的辉煌历史、深厚丰腴的文化积淀为邯郸留下了众多的名胜古迹和历史故事，经过千百年的披沙拣金，凝聚成了脍炙人口的成语典故。据不完全统计，由邯郸历史和相关史书中所滋生、蕴积、提炼出的具有邯郸地方特色或与邯郸有密切关系的成语典故达1500条之多，如“胡服骑射”、“邯郸学步”、“完璧归赵”、“负荆请罪”、“黄粱美梦”等，它们以言简意赅、精辟神妙、富于哲理、寓于情趣、耐人寻味而成为中国汉语言艺术中的一朵奇葩。邯郸的成语典故，集中原与边塞之风韵，蕴文化与哲理之内涵，在华夏历史文化长廊中独树一帜，堪称国之瑰宝。这些成语典故中，具有完整故事情节的也有500条之多。另外还有众多的成语典故遗址景观。位于邯郸市赵苑景区内的“成语典故苑”，占地102亩，以园林为载体，以发生在邯郸的成语典故为内容，以碑刻、浮雕、绘画、自然山石象形喻义等多种艺术手法为表现形式，将发生在邯郸的成语典故再现世人面前。它以古喻今，鞭策鼓励后人，是中国唯一的以成语典故为主题的文化园林。

2005年10月26日，经中国文联批准，由中国民间文艺家协会在邯郸市举行命名颁牌仪式，授予邯郸市“中国成语典故之都”称号。成语典故文化已成为邯郸市十大文化脉系中一颗璀璨的明珠。(资料来源：中国文明网)

源于邯郸的成语

因人成事	三寸之舌	伤弓之鸟	梅开二度	窃符救赵	胡服骑射
价值连城	完璧归赵	负荆请罪	纸上谈兵	奇货可居	邯郸学步
鹬蚌相争	黄粱美梦	一枕黄粱	奉公守法	旷日持久	利令智昏
不遗余力	南辕北辙	破釜沉舟	毛遂自荐	背水一战	围魏救赵
智者千虑	舍本逐末	攻难守易	犹豫不决	一狐之腋	三人成虎
顶天立地	前倨后卑	管窥锥指	以卵击石	赏罚分明	瓜田李下
路不拾遗	鹿死谁手	市道之交	难至节见	步履蹒跚	坐怀不乱
补天浴日	河伯娶妇	退避三舍	言犹在耳	董狐之笔	天夺之魄
欺世盗名	一日千里	中饱私囊	天经地义	以人为镜	按兵不动
当局者迷	掩耳盗铃	大儒纵盗	争先恐后	坐享其成	剖腹藏珠
羽毛未丰	徙宅忘妻	无功受禄	犯颜直谏	不学无术	孤注一掷
因势利导	食不甘味	乐极生悲	居心叵测	安然无恙	白云亲舍
燕雀处堂	天下无双	轻虑浅谋	志在四方	一叶障目	举措失当
徐市求仙	纲举目张	取而代之	声名狼藉	死有余辜	人人自危
左提右挈	无出其右	身无可击	袖藏金椎	箭在弦上	巧夺天工
未可厚非	疾风劲草	乌合之众	推心置腹	狗尾续貂	坚壁清野

【方案4】案例讲解——爱国人物事迹介绍

在讲授“爱国主义的优良传统”时，向学生介绍文天祥、钱伟长等人物的爱国事迹，通过对不同时期的爱国人物事迹的学习，使学生深刻地理解中华民族代代相传的爱国主义优良传统的精髓，引导学生以振兴中华为己任，努力做到立报国之志、增建国之才、践爱国之行，为国家和民族的发展做出应有的贡献。

【资料1】“人生自古谁无死，留取丹心照汗青”的文天祥

南宋在崖山海战的惨败后，陆秀夫背着8岁幼帝赵昺跳海而死，南宋灭亡。张弘范向元世祖请示如何处理文天祥，元世祖说：“谁家无忠臣？”命令张弘范对文天祥以礼相待，将文天祥送到大都(今北京)，软禁在会同馆，决心劝降文天祥。

元世祖首先派降元的原南宋右丞相留梦炎对文天祥现身说法，进行劝降。文天祥一见留梦炎便怒不可遏，留梦炎只好悻悻而去。元世祖又让降元的宋恭帝赵显来劝降。文天祥北跪于地，痛哭流涕，对赵显说：“圣驾请回！”赵显无话可说，怏怏而去。元世祖大怒，于是下令将文天祥的双手捆绑，戴上木枷。

元朝丞相孛罗亲自开堂审问文天祥。文天祥被押到枢密院大堂，昂然而立，只是对孛罗行了一个拱手礼。孛罗喝令左右强制文天祥下跪。文天祥竭力挣扎，坐在地上，始终不肯屈服。孛罗问文天祥：“你现在还有什么话可说？”文天祥回答：“天下事有兴有衰。国亡受戮，历代皆有，我为宋尽忠，只愿早死！”孛罗大发雷霆，说：“你要死？我偏不让你死。我要关押你！”文天祥毫不畏惧。

自此，文天祥在监狱中度过了三年。在狱中，他曾收到女儿柳娘的来信，得知妻子和两个女儿都在宫中为奴，过着囚徒般的生活。文天祥深知女儿的来信是元廷的暗示：只要投降，家人即可团聚。然而，文天祥尽管心如刀割，却不愿因妻子和女儿而丧失气节。他在写给自己妹妹的信中说：“收柳女信，痛割肠胃。人谁无妻儿骨肉之情？但今日事到这里，于义当死，乃是命也。奈何？奈何！”

由于拒不投降，元朝廷决定处死文天祥。被押解到刑场时，监斩官问：“丞相还有什么话要说？回奏还能免死。”文天祥喝道：“死就死，还有什么可说？”他问监斩官：“哪边是南方？”那人给他指了方向，文天祥向南方跪拜，说：“我的事情完结了，心中无愧了！”于是引颈就刑，从容就义。死后在他的带中发现一首诗：“孔曰成仁，孟曰取义，唯其义尽，所以仁至。读圣贤书，所学何事？而今而后，庶几无愧。”

【资料2】国家利益重于一切的科学泰斗　钱伟长

钱伟长(1912—2010)，江苏无锡人，中国近代力学之父，著名的科学家、教育家。

钱伟长早年攻物理学，留学加拿大期间已经显露出非凡才华。28岁时，他的一篇论文已经让爱因斯坦大受震动，并迅速成为国际物理学的明星。抗战结束后，钱伟长坚决回到祖国，在艰苦的条件下，拒绝美国科学界的诱惑，忠于祖国，坚持实现“科学救国”的抱负。为新中国开创了力学科学教育体系。他学贯中外，对中国科学事业的发展做出了巨大的贡献。1957 年，钱伟长被错划为“右派”，受到不公正待遇，但是他仍然没有放弃科研和对祖国的忠诚。1977 年以后，他不辞辛劳，去祖国各地做了数百次讲座和报告，提倡科学和教育，宣传现代化，为富民强国出谋划策。1990 年以后，他为香港、澳门回归祖国及和平统一祖国的大业奔走。有人说，钱伟长太全面了，他在科学、政治、教育每个领域取得的成就都是常人无法企及的。钱伟长说：“我没有专业，国家需要就是我的专业；我从不考虑自己的得与失，祖国和人民的忧就是我的忧，祖国和人民的乐就是我的乐。”他用六十多年的报国路诠释了自己一直坚持的专业：爱国。(资料来源：央视网)

【方案 5】观看视频资料《复兴之路》、《东京审判》，组织课堂讨论

在讲授“爱国主义的时代价值”时，组织学生观看《复兴之路》和《东京审判》，开展课堂讨论，使学生从感性上体会中华民族爱国主义的传统内涵，从理性上正确理解爱国主义的时代价值，激发学生的爱国热情，培养爱国主义的精神。

组织学生集体观看后围绕下列问题展开讨论：

1. 观看完这两部作品后有什么感受？

2. 梅汝璈等人是如何通过努力抗争，在这一场历史审判中为中国争得荣誉和尊严？

【资料 1】《复兴之路》

电视政论片《复兴之路》围绕千年巨变、峥嵘岁月、中国新生、伟大转折、世纪跨越、继往开来等六大主题，深刻展现了中华民族自 1840 年鸦片战争至 2009 年走过的光辉而又艰巨的民族复兴之路，充分展示了中国人民在中国共产党领导下历经民主革命和社会主义建设取得的伟大成就。《复兴之路》是为那些民族复兴的伟大先驱者、探索者，为那些牺牲的人民英雄，为那些在改革开放中创造出丰功伟绩的人民群众，树立起的一座艺术丰碑。

【资料 2】梅汝璈与《东京审判》

梅汝璈(1904—1973)，1946～1948 年代表中国出任远东国际军事法庭法官，参与了审判对 20 世纪三四十年代发生于亚洲和太平洋地区的大规模侵略战争负有主要责任的日本战争罪犯的工作，同庇护日本战犯的势力进行了坚决而卓有成效的斗争。在历时两年半开庭 818 次的漫长过程中，梅先生始终坚持法律原则，有礼有节，在“法官席位之争”、“起草判决书”和“坚持死刑处罚”等关键时刻维护了祖国的尊严和人民的利益，赢得了世界的赞赏与尊重。他出色完成了任务，赢得了周恩来总理的高度评价：“他为人民办了一件大好事，为国家争了光，全国人民都应当感谢他。”时任教育次长兼国立政治大学校长顾毓琇先生曾赠剑与梅先生，并称他为壮士。

《东京审判》表现的是1946年远东国际军事法庭在东京审判日本战犯的情况，是中国人在国际舞台上第一次成功地用法律武器捍卫自己尊严的故事。

【方案6】专题讨论——“不爱社会主义不等于不爱国”

在讲授“新时期的爱国主义”时，组织学生就“不爱社会主义不等于不爱国”观点进行讨论。通过讨论，使学生认识到爱国主义是一个历史范畴，爱国主义是爱国、爱党、爱社会主义的有机统一，这是当代爱国主义精神最本质、最重要的表现，在当代中国爱国主义首先体现在对社会主义中国的热爱上。

【资料】

早在改革开放之初，邓小平同志针对有人提出的爱国可以不爱社会主义的观点明确指出：“有人说不爱社会主义不等于不爱国。难道祖国是抽象的吗？不爱共产党领导的社会主义新中国，爱什么呢？港澳、台湾、海外的爱国同胞，不能要求他们都拥护社会主义，但是至少也不能反对社会主义的新中国，否则怎么叫爱祖国呢？至于对中华人民共和国领导下的每一个公民、每一个青年，我们的要求当然要更高一些。”“中国人民有自己的民族自尊心和自豪感，以热爱祖国，贡献全部力量建设社会主义祖国为最大光荣，以损害社会主义祖国利益、尊严和荣誉为最大耻辱。”

——《邓小平文选》

江泽民同志指出：“我们今天讲爱国主义，就是要热爱我们伟大的社会主义祖国，就是要为中国特色社会主义事业贡献自己的智慧和力量。”

——《江泽民论社会主义精神文明建设》

胡锦涛同志指出，弘扬爱国主义精神“要坚持爱国主义与社会主义的高度统一，时刻心系民族命运、心系国家发展、心系人民福祉，使爱国主义精神在新的时代条件下发扬光大”。

——胡锦涛在北大讲话：《把爱国热情转化为实际行动》

习近平同志指出，“实现中国梦必须走中国道路。这就是中国特色社会主义道路。”“实现中国梦必须弘扬中国精神。这就是以爱国主义为核心的民族精神，以改革创新为核心的时代精神。”“实现中国梦必须凝聚中国力量。这就是中国各族人民大团结的力量。”

——习近平在十二届全国人大一次会议闭幕式上的讲话

【方案7】新闻人物聚焦——公益的力量之邵逸夫启示录

在学习“人有地域信仰不同，但报效祖国之心不应有差别”相关内容时，组织观看视频《公益的力量之邵逸夫启示录》。通过视频中对邵逸夫先生一生捐助慈善、爱国精神的回顾，使学生了解无数像邵逸夫、李嘉诚这样的海外侨胞、港澳同胞的拳拳爱国心，他们无论政治立场和宗教信仰如何，始终以不同的方式来表达对伟大祖国的热爱，深化学生对教学内容的理解，加深其对爱国主义内涵的把握。

【资料】热心公益爱国爱港　邵逸夫三大传奇写人生

邵逸夫是永远的影视创意传奇。邵逸夫一生醉心光影世界，对华语影视事业的卓越贡献，无出其右。他先创办邵氏兄弟公司，成功开创了华语电影潮流，“邵氏出品，必属佳片”风靡全亚洲，在香港设立的邵氏影城更为香港赢来“东方好莱坞”的美誉；后创办电视广播公司(无线电视)，一直在香港电视市场占据领导地位，电视佳作迭出，风行世界；台前幕后的人才辈出，享誉全球业界。邵逸夫的文化影视商业帝国、辉煌创意业绩，来自于勇站时代潮头、不懈打拼，极好地诠释了狮子山下的香港精神；同时也为香港经济和文化创意产业的发展作出了不可替代的贡献。

邵逸夫是永远的公益慈善传奇。邵逸夫是海内外有口皆碑的大慈善家。他乐善好施，热心公益，毕生捐赠总额约百亿元。除了每次都踊跃捐助各类赈灾，还尤其重视人才培养，对科学和教育事业都遗下了功德无量的捐助，润泽万千学子和人类的科研事业。有内地调查显示，逾八成受访者指邵逸夫令人最先联想“逸夫楼”，这遍布神州大地的一座座“逸夫楼”，正是一座座慈善和关爱的丰碑，彰显着邵逸夫对教育事业了不起的贡献。令人津津乐道的还有“邵逸夫奖”的设立，这个被誉为“东方诺贝尔奖”的科技奖项，专门表扬在天文学、生命科学与医学、数学科学方面的出色成就，而这些都是诺贝尔奖未涵盖的，基金总额目前已逾半百亿元，其对世界科研事业的贡献不可估量。

邵逸夫是永远的爱国爱港传奇。他爱香港，事业根基在香港，他的TVB和邵氏已成为香港生活的一部分，也是港人的骄傲和集体回忆。他热心参与回归过渡期的工作，为香港回归和特区建设作出应有的努力。他热爱自己的国家。他认为“国家振兴靠人才，人才培养靠教育，培养人才是民族根本利益的要求”，所以倾力捐资帮助国家教育，爱国之情溢于言表，更见于践行。(资料来源：人民日报海外版)

【方案8】传承红色经典、弘扬中国精神主题系列活动

在讲授“爱国主义与弘扬民族精神和时代精神”时，组织开展“传承红色经典、弘扬中国精神”主题系列活动，使学生全面而深刻地理解中国精神的内涵，明确中国精神是激励中华民族团结奋斗、勇往直前的伟大力量，从而努力学习、奋发图强，谱写中国精神的新篇章。

【活动一】读红书交流会——感受艰辛历程，勇当争优先锋

红色经典书籍可以陶冶人的情操，激励人的斗志。向学生推荐《红岩》、《青春之歌》、《钢铁是怎样炼成的》等多部经典书籍，要求学生认真阅读后开展以“感受艰辛历程，勇当争优先锋”为主题的交流会，汇报读书感受，分享读书成果，培养学生良好的阅读习惯和读书兴趣，帮助学生树立“读书成才，报效祖国”的远大理想。

【资料】红色经典书籍阅读推荐目录

1.《红岩》　罗广斌、杨益言著
2.《红日》　吴强著
3.《红旗谱》　梁斌著
4.《青春之歌》　杨沫著
5.《钢铁是怎样炼成的》　奥斯特洛夫斯基著
6.《红色中国》　郭建设著
7.《把一切献给党》　吴运铎著
8.《林海雪原》　曲波著
9.《苦菜花》　冯德英著
10.《保卫延安》　杜鹏程著
11.《东方》　魏巍著
12.《母亲》　高尔基著
13.《三里湾》　赵树理著
14.《敌后武工队》　冯志著
15.《走下圣坛的周恩来》　权延赤著
16.《平原枪声》　李晓明著
17.《放眼看长征》叶心瑜著
18.《呐喊》　鲁迅著
19.《四世同堂》　老舍著
20.《春蚕》　茅盾著
21.《林家铺子》　茅盾著
22.《芦花荡》　孙犁著
23.《风云初记》　孙犁著
24.《太阳照在桑干河上》　丁玲著
25.《李有才板话》　赵树理著
26.《暴风骤雨》周立波著
27.《山乡巨变》　周立波著

28.《创业史》 柳青著
29.《红旗谱》 梁斌著
30.《刘胡兰传》 马烽著
31.《黄河东流去》 李准著
32.《艳阳天》 浩然著
33.《保卫延安》 杜鹏程著
34.《南京大屠杀》 徐志耕著
35.《铁道游击队》 知侠著
36.《王震的三次长征》 穆欣著
37.《野火春风斗古城》 李英儒著
38.《潜伏》 龙一著
39.《卢沟桥抗战》 文高鹏著
40.《红二十五军长征记》 卢振国著
41.《毛泽东和他的战友们》 梁立真著
42.《周恩来外交风云》 杨明伟著
43.《上海的早晨》 周而复著
44.《亮剑》 都梁著
45.《谁是最可爱的人》 魏巍著
46.《彭雪枫将军》 欧阳华著
47.《伟大的中国革命》 费正清著
48.《无冕元帅：一个真实的粟裕》 张雄文著
49.《红色丰碑》 杨跃著
50.《西行漫记》 埃德加·斯诺著

【活动二】观红色电影，写心得体会——回望历史　缅怀英烈

红色电影记录了革命前辈、革命烈士的光荣事迹，以艺术的手段再现英烈的伟大精神，集中反映了中国共产党带领全国人民进行革命、建设及实现民族伟大复兴的光辉历程。因此，在教学中充分发挥红色资源的育人功能，组织学生观看 3~4 部红色经典影片，以“回望历史、缅怀英烈”为主题，撰写心得体会，使学生在直接、深入地感受中国精神的基础上，继承革命前辈艰苦朴素、自强不息的奋斗精神，自觉投身到中华民族伟大复兴的实践中。

【资料】中国十大红色经典电影大盘点

60 多年前，新中国诞生了首部影片《桥》。斗转星移，岁月流金，一路放映而来的红色经典电影，或黑白、或彩色，深深感染着千百万电影观众，它们描绘了伟大的中国共产党波澜壮阔的革命历程，再现了为党的事业英勇奋斗的共产党人形象。

1.《南征北战》

导演：汤晓丹　成荫

上映日期：1952 年

点评：上海电影制片厂摄制于 1952 年的《南征北战》，是新中国第一部军事影片。该片取材于解放战争中华东战场的一个战例，表现了人民解放军在敌强我弱的形势下，正确运用毛泽东运动战的战略思想“集中优势兵力，各个歼灭敌人”，消灭敌人取得胜利的过程。

2.《上甘岭》

导演：沙蒙

上映日期：1956 年

点评：这是第一部表现抗美援朝战争的影片，它取材于著名的上甘岭战役。该片通过志愿军某部八连这样一个连队从接收阵地，由防御战转入坑道和最后发起反攻，收复主峰的 43 天战斗经历，再现了那场惊心动魄的战役，热情讴歌了志愿军战士为追求一种崇高的精神境界无私无畏的献身精神。

3.《青春之歌》

导演：陈怀皑　崔嵬

上映日期：1959 年

点评：影片根据杨沫的同名小说改编，生动细致地刻画了主人公林道静在复杂的民族矛盾和阶级矛盾中的成长过程，深入剖析她的精神面貌和个性，片中所展现的“林道静的道路”，也正是那个时代进步青年知识分子普遍所经历的曲折历程的“缩影”。

4.《红色娘子军》

导演：谢晋

上映日期：1961 年

点评：影片以第二次国内革命战争时期海南红色娘子军的斗争业绩为素材，围绕吴琼花从奴隶成长为共产主义战士的经历，用写实的手法突出反映了旧社会妇女的苦难以及在反抗和斗争中的成长，塑造了红军干部洪常青高大光辉的英雄形象，成为那个时代的全民偶像，具有较丰富的思想内涵和强烈的艺术感染力。

5.《小兵张嘎》

导演：崔嵬　欧阳红樱

上映日期：1963 年

点评：这是一部很有特色的儿童军事题材影片。影片讲述了小嘎子在老钟叔、老罗叔、区队长、奶奶的引导下，成为一名名副其实的八路战士的成长过程。主人公“张嘎”，也因其“英气”与“嘎气”，成为新中国几代人童年记忆中的最灿烂的一部分。该片被称为新中国儿童片的一座丰碑。

6.《地道战》

导演：任旭东

上映日期：1965 年

点评：该片讲述了抗日战争时期，为了粉碎敌人的“扫荡”，河北省冀中人民在中国共产党的领导下，创新地利用地道战的斗争方式打击日本侵略者的故事。本片是当时活学活用毛泽东思想的典型，显示了人民战争的巨大威力和无穷智慧，是红色经典中的经典。

7.《闪闪的红星》

导演：李俊　李昂

上映日期：1974 年

点评：这部影片以 30 年代艰难困苦的环境中成长起来的少年英雄潘冬子为主要人物，体现了主人公在党和前辈的教育、帮助下，逐渐成熟起来的过程，影片将他爱憎分明、不畏艰险、机智勇敢、纯洁质朴的性格特征刻画得非常突出。

8.《小花》

导演：黄健中　张铮

上映日期：1979 年

点评：《小花》讲述了永生、小花、翠姑三兄妹经过战火洗礼终于团聚的故事。该片以战争作为背景，以战争年代里人们的生离死别为主线，淋漓尽致地抒发了桐柏山军民在革命斗争中的家庭亲情和革命感情。

9.《开国大典》

导演：李前宽　肖桂云

上映日期：1989 年

点评：《开国大典》用俯瞰历史的视野，将庞杂的历史提炼和概括为一部波澜壮阔的英雄史诗，把中国革命的胜利、新中国的诞生用胶片再度展现在人们的面前。影片用纪实的手法展现了开国大典这一历史的瞬间，再现了毛泽东、周恩来、刘少奇、朱德、蒋介石、宋庆龄等 100 多位历史人物的风貌。

10.《大决战》三部曲

第一部：辽沈战役

导演：李俊　杨光远

上映日期：1991 年

点评：影片从史实出发，深入挖掘了历史人物深刻的内心活动，表现出了毛泽东、林彪等人的军事才能和解放军的历史功绩，并对国民党内部不团结、钩心斗角、尔虞我诈和政治腐败也进行了描述。

第二部：淮海战役

导演：李俊　蔡继渭

上映日期：1991 年

点评：《淮海战役》从 1948 年 11 月开始讲起，这是三大战役中规模最大的一场战役，战斗从 1948 年 11 月 6 日打响，至 1949 年 1 月 10 日结束，战役历时 65 天，人民解放军共歼敌 55.5 万人，使蒋介石在南线战场上的精锐部队尽数被消灭。影片真实地再现了战争的残酷，详细描绘了解放军指挥官的高明和战士的英勇善战。

第三部：平津战役

导演：李俊　韦廉

上映日期：1992 年

点评：影片深入刻画了中共中央领导人的政治大智慧，也生动的描述了傅作义既深明大义，却又不甘心轻易退出历史舞台的心理。同时，电影也表现出了在中国共产党领导下的解放军英勇善战、不怕牺牲的精神，历史地再现了解放天津的部分史实，让人们了解到了真实的战争场面。

【活动三】课堂情景剧——重温红色经典　激扬热血青春

组织开展“重温红色经典　激扬热血青春”课堂情景剧活动。学生从经典书籍和电影中选出某个精彩的片段，运用小品、话剧等多种形式来演绎。通过回味和演绎红色经典这种情景交融、寓教于乐的课堂情景剧形式，使学生进一步了解中国革命的历程，激发学生爱国、爱党、爱社会主义的情怀。

【活动四】参观爱国主义教育基地——觅红色足迹，缅先烈壮举

组织学生参观晋冀鲁豫革命烈士陵园、八路军 129 师司令部、晋冀鲁豫边区政府旧址。活动结束后，要求学生以班为单位进行交流，感受革命先辈的爱国主义精神，自觉弘扬以爱国主义为核心的民族精神。

【资料 1】129 师司令部旧址

129 师司令部旧址爱国主义教育基地，位于河北省邯郸市涉县的赤岸村，由 129 师司令部旧址、将军岭和 129 师陈列馆三部分组成。八路军 129 师在刘伯承、邓小平等师首长率领下，浴血千里太行山，打响了抗日战争中长生口、神头岭、响堂铺和解放战争中上党、平汉等著名战斗、战役，曾有 110 多个党、政、军、财、文等机关单位在涉县驻扎长达 6 年之久。新中国成立后，从这块红色土地上走出了我国改革开放的总设计师邓小平和 2 位元帅、3 位大将、18 名上将、48 名中将、295 名少将，先后有近百名 129 师老领导担任党和国家重要职务，成为中国第二代领导集体的中坚力量，开创了中国改革开放的历史新纪元，这块红色热土因此被誉为“中国第二代领导的摇篮”。

1996年11月，129师司令部旧址被国务院公布为全国重点文物保护单位；1997年，司令部旧址被中宣部公布为全国百个爱国主义教育示范基地之一。

【资料2】晋冀鲁豫烈士陵园简介

在西部千山万壑、巍峨险峻，东部沃野千里、一望无际的晋冀鲁豫大地上，无数英烈的鲜血染红了这块热土，孕育出绚丽的革命之花。位于河北省邯郸市的晋冀鲁豫烈士陵园，就是纪念这些革命战争时期用鲜血和生命滋润革命之花的无数先烈们的神圣之地。陵园主要由烈士纪念塔、人民英雄纪念墓、陈列馆、左权将军墓、左权将军纪念馆、烈士纪念堂等纪念活动场所组成，是冀南地区著名的爱国主义教育基地和红色旅游目的地之一。

【方案9】聚焦时事热点——南京大屠杀死难者国家公祭仪式

在讲授“大力弘扬和培育民族精神”时，播放新闻视频《南京大屠杀死难者国家公祭仪式》。2014年12月13日是中国首个南京大屠杀死难者国家公祭日，党和国家领导人在南京大屠杀纪念馆与全国人民共同悼念死难同胞。国家公祭日的高规格纪念让那段历史和战争苦难者得到尊重和缅怀，是一次民族精神民族魂的张扬和讴歌。通过观看视频，教育学生勿忘国耻、敬畏生命、珍视和平。

【资料1】南京大屠杀基本历史介绍

南京大屠杀是侵华日军公然违反国际条约和人类基本道德准则，于1937年12月13日至1938年1月的六周内，在南京纵兵屠杀无辜的罪恶行径，其手段野蛮残忍，且奸淫、掠夺、焚烧和破坏并举。其间，南京三分之一的建筑被毁坏，市内发生两万多起强奸、轮奸的暴行，无数公私财物被掠夺，文化古都遭受了一场空前的劫难。这一惨绝人寰的历史事件，是日军在侵华战争期间无数暴行中最突出、最有代表性的一例。

南京大屠杀期间，《纽约时报》、《中央日报》、《新华日报》等中外媒体，均对南京大屠杀进行了大量的揭露。留在南京的外籍人士以及陆续回到南京的外国使馆人员还秘密地将日军在南京的暴行拍摄下来，成为留存至今的有关南京大屠杀的动态画面。当年亲身经历日军暴行的南京军民，留下了大量的受害证言。当年参与南京大屠杀的日军官兵，也留下了大量的加害记录。战后，中国国民政府对南京大屠杀进行了广泛的调查。设在东京的远东国际军事法庭和设在南京的中国审判战犯军事法庭均对南京大屠杀专案审理，对南京大屠杀案作了法律的定论，分别判处松井石根、谷寿夫等战犯绞刑和死刑。其中，南京审判战犯军事法庭经调查判定，日军集体屠杀有 28 案，屠杀人数有 19 万；零散屠杀有 858 案，死亡人数有 15 万，死亡人数达 30 多万，制造了惨绝人寰的特大惨案。(资料来源：新华网)

【资料 2】南京大屠杀死难者国家公祭鼎铭文

泱泱华夏，赫赫文明。
仁风远播，大化周行。
洎及近代，积弱积贫。
九原板荡，百载陆沉。
侵华日寇，毁吾南京。
劫掠黎庶，屠戮苍生。
卅万亡灵，饮恨江城。
日月惨淡，寰宇震惊。
兽行暴虐，旷世未闻。
同胞何辜，国难正殷。
哀兵奋起，金戈鼍鼓。
兄弟同心，共御外侮。
捐躯洒血，浩气干云。
尽扫狼烟，重振乾坤。
乙酉既捷，家国维新。
昭昭前事，惕惕后人。
国行公祭，法立典章。
铸兹宝鼎，祀我国殇。
永矢弗谖，祈愿和平。
中华圆梦，民族复兴。

和平宣言

巍巍金陵，滔滔大江，钟山花雨，千秋芬芳。
一九三七，祸从天降，一二一三，古城沦丧。
侵华倭寇，掳掠烧杀，尸横遍野，血染长江。
三十余万，生灵涂炭，炼狱六周，哀哉国殇。
举世震惊，九州同悼，雪松纪年，寒梅怒放。
亘古浩劫，文明罹难，百年悲叹，警钟鸣响。
积贫积弱，山河蒙羞，内忧外患，国破家亡。
民族觉醒，独立解放，改革振兴，国运日昌。
前事不忘，后事之师，殷忧启圣，多难兴邦。

七十七载，青史昭彰，生生不息，山高水长。
二零一四，国家公祭，中外人士，齐聚广场。
白花致哀，庄严肃穆，丹忱抒写，和平诗章。
大道之行，天下为公，大德曰生，和气致祥。
和平发展，时代主题，民族复兴，世代梦想。
龙盘虎踞，彝训鼎铭，继往开来，永志不忘。
(资料来源：《人民日报》)

【方案10】专题演讲活动——行动践履爱国

结合“做忠诚的爱国者”的教学内容，以“行动践履爱国”为主题举办爱国主义演讲比赛，使学生认识到爱国不是抽象的，而是具体和务实的；爱国情感、爱国思想只有转化成理性的爱国行为，才能真正在学习和生活中践行爱国主义，做一名忠诚的爱国者。

【资料】关于钓鱼岛问题的宣教提纲(节选)

在钓鱼岛问题的认识上必须尊重历史事实。我国自明朝以来相关的历史文献记载、历史地图版图册以及相关的法律依据、国际文件均表明，钓鱼岛及其附属岛屿自古以来就是中国的领土。

钓鱼岛问题的形成有复杂的历史背景。从半殖民地半封建的旧中国钓鱼岛及其附属岛屿被窃取，到二战结束后日本同美国等签订《旧金山和约》，将包括钓鱼岛在内的西南群岛交由美国托管，再到日美签署“归还冲绳协定”将“行政管辖权”“交给”日本，致使钓鱼岛至今仍在日本实际控制之下。

钓鱼岛问题的全面解决有其长期性、复杂性和艰巨性。我国政府和人民维护主权和领土完整的决心坚定不移，迄今我们与日方进行坚决、有力的斗争，向国际社会充分彰显了我国对钓鱼岛的主权立场，有力维护了我们主权权利。

我们应将钓鱼岛问题放在中日关系长远发展的大框架内来看待和把握，要坚持从长远战略高度看待钓鱼岛问题，坚决按照党中央的统一部署开展工作。广大青年学生普遍关心钓鱼岛问题，在钓鱼岛问题上表现出来强烈的爱国热情。但是，一定要教育青年学生不要参加未经批准的游行活动，不要做影响社会稳定有损国家形象的事，防止敌对势力和别有用心的人趁机破坏捣乱。广大学生要冷静理智、合法有序地表达自己的情感，把爱国热情转化为刻苦学习的实际行动，为实现中华民族的伟大复兴贡献力量。

四、实践教学应注意的问题

1. 新时期的爱国主义是一个树立正确国家观念的问题，必须要让学生通过查阅相关资料、了解历史事实，进行思考和讨论，深刻认识在当代中国，爱国主义是爱国、爱党与爱社会主义的有机统一。

2. 做忠诚的爱国者是一个侧重于行为实践层面的问题。教师必须在实践教学过程中运用合适的例证，引导学生将爱国主义观念落实到实际行动上，鼓励学生勇于将爱国的热情转化为积极的行动，激励大学生以合理的方式来表达爱国情感。

专题四 领悟人生真谛 践行核心价值

一、知识点

1. 人的本质的科学内涵。
2. 追求高尚的人生目的。
3. 确立积极进取的人生态度。
4. 人生价值的标准与评价。
5. 人生价值的实现条件。
6. 社会主义核心价值观的基本内容和主要特征。

二、实践教学的目的和要求

大学时代是大学生形成系统的世界观、人生观、价值观的关键时期。本专题实践教学，旨在帮助大学生较为直观、系统地了解和学习世界观、人生观、价值观以及社会主义核心价值观的理论知识，掌握马克思主义分析和理解人生问题的基本立场与基本观点，使学生正确认识人的本质，了解人生观的科学内涵，掌握评价人生价值的客观标准，明确人生价值实现的主客观条件，引导学生自觉践行社会主义核心价值观。

三、实践教学过程

【方案1】问卷调查——90后大学生人生观价值观现状

在讲授本专题之前，对90后大学生人生观价值观现状进行问卷调查，掌握90后大学生人生观价值观的整体情况和时代特征，引导学生树立科学高尚的人生观和价值观，为国家和民族的发展贡献出自己的力量。

【资料】90后大学生人生观价值观调查问卷

1. 您认为读大学对一个人的成长发展是否重要？（　　）

A. 读大学可以提高各方面的能力和素质，为日后的成功奠定基础

B. 读大学学不到什么东西，对我来说纯粹是浪费时间

C. 读不读大学并不重要，比尔·盖茨不是没大学毕业吗

2. 您认为加强大学生人生观价值观教育有没有必要？(　　)

A. 十分必要　　　　B. 必要　　　　C. 根本没必要

3. 您认为思想道德修养与法律基础课(　　)。

A. 对我们树立正确的思想价值观念大有裨益

B. 不应该开设这种课程，浪费时间

C. 开不开无所谓，反正也不是专业课

4. 您觉得对您的人生观、价值观影响最大的是(　　)。

A. 思想政治课堂　　　B. 网络信息资源价值导向　C. 父母的影响

5. 您判断人生价值的标准是？(　　)

A. 对社会贡献的大小　B. 社会地位的高低C. 金钱的多少

6. 您认为该如何实现人生价值？(　　)

A. 靠个人奋斗

B. 自己努力为主，别人帮助为辅

C. 自己努力为辅，别人帮助为主

7. 面对大学生严峻的就业形势，您认为(　　)。

A. 关键还是要靠大学生提高自身的素质和能力，适应社会需要

B. 大学生就业难是一个社会问题，应该由国家和政府来解决

C. 车到山前必有路，我现在才大一，关心就业问题为时尚早

8. 从20世纪90年代中期开始，国家开始招收大学毕业生到农村担任村党支部书记，这些毕业生被称为大学生“村官”。您对大学生“村官计划”持什么态度？(　　)

A. 大学毕业生就应该扎扎实实从基层做起，有机会我也会报名参加

B. 人往高处走，水往低处流，当“村官”太没出息，我不去

C. 如果没有更好的选择，我会不情愿的报名参与“村官计划”

9. 您对诸如大学生志愿服务等社会公益性活动的态度是(　　)。

A. 我会积极参与，因为这些活动是有益于社会和他人的

B. 除非参加这些活动对我有好处，否则我就不会参加

C. 我不认为这些活动对社会和他人有多么大的积极意义，但在学校的要求下也会参加

10. 您认为人的尊严和金钱的关系？(　　)

A. 两者都重要，但绝不以人的尊严去换金钱

B. 金钱最重要，为了金钱可以失去尊严

C. 两者都不重要

11. 您比较赞成的消费观是(　　)。

A. 追求名牌、时尚　B. 以经济实惠为准C. 从自身实际出发

12. 据报道，在珠海读大学的某吉林籍大学毕业生自曝四年大学花费达 84 万元，其中在应酬和交女友方面就分别花费了 14.4 万元和 15 万元。您如何看待“84 万哥”的这种消费行为？(　　)

A. 作为大学生，应该艰苦奋斗，奢侈消费应在道德上受到谴责

B. 我要是有这么好的家庭条件也会奢侈消费

C. 人家有钱，怎么花别人无权干涉和评论

13. “芙蓉姐姐”、“凤姐”等并无特殊才华和过人容貌，但通过网络炒作却一举成名。您如何看待这种现象？(　　)

A. 人应该从自身实际出发，踏实工作，艰苦奋斗，实现自身价值

B. 我完全支持她们的做法，我也想不用艰苦奋斗就能成就功名

C. 她们无可厚非，人人都想出名，只不过是用的手段不同罢了

14. 现在网络流行词——“拼爹”，您怎样看待当今社会的这种“拼爹”现象？(　　)

A. 不断提高自身的能力和素养，才是改变人生的最终依靠

B. 当今社会自己学得好，能力强和素养高，确实不如有个成功的好老爸

C. “拼爹”是对社会现实的折射，我没有一个成功的好老爸，将来成功的可能性很小

15. 您认为在选择恋爱对象时以下哪个因素最为重要？(　　)

A. 道德品质和能力

B. 只要是对方的家庭条件很好，其他的并不是很重要

C. 外貌和身材好

【方案 2】社会焦点透视——大学生救人溺亡　打捞者绑尸谈钱

在学习“树立正确人生观”时，组织学生观看《长江大学学生救少年英勇献身》及《打捞船只绑尸索取打捞费用》两段视频，引导学生围绕以下问题展开讨论：

1. 三名大学生为救两名儿童不幸身亡，你怎么看待这件事情？他们死得值吗？

2. 打捞英雄尸体还要索要天价报酬，合理吗？

通过课堂讨论，使学生客观认识整个事件真相，引导学生自觉抵制错误的人生观价值观，端正人生态度，在奉献社会、为人民服务的过程中实现自己的人生价值。

【资料 1】大学生救人溺亡　捞尸者手牵绑尸绳谈价钱

2009 年 10 月 30 日上午，湖北荆州宝塔湾烟雾朦胧，远处的货轮像往常一样在长江上平稳行驶。岸边的沙滩上，自发来这里祭奠英雄的人们络绎不绝……6 天前，长江大学的 3 名大学生何东旭、方招、陈及时为救两名落水少年，在这里献出了宝贵的生命。令人心寒的是，在英雄遗体打捞时，面对同学们的“跪求”，个体打捞者不仅不为所动，而且挟尸要价，一共收取了 36000 元的捞尸费！

大学生危难之中英勇救人

那是一个普通的周末，天气很好。长江大学广播电视新闻专业两个班的新生，相约来到宝塔湾郊游。下午 2 时，吃过饭后，大家坐在松软的沙滩上，三五扎堆，漫不经心地开始聊天。

“救命！救命！”不远处传来的呼救声惊动了大家——两个小男孩落水了！大家纷纷顺着呼救声围拢过去。李佳隆同学边跑边脱掉外套，冲向江中，把少年抓住，大家在岸上开始欢呼了。可是，很快李佳隆被遇救少年紧紧抱住，活动受限，加之牛仔裤浸水后下沉，眼看就支撑不住了。这时，他一边拨水，一边向同学们大喊“不行了”……见此情景，岸上的徐彬程、方招赶忙跳下水。徐彬程迅速游过去，从李佳隆手中接过落水少年，大家协力将他推上岸。

与此同时，陈及时跳入水中，去救另一名溺水少年，不幸被卷入江水中。见情势危急，方招和徐彬程再次返回江水中救人，但此时江面上除了那名少年还在挣扎外，已经看不到陈及时的身影了。岸上的同学们想出手拉手结成“人链”方法一起救人。一个更大的隐患埋下了——“人链”断裂时，前面的 9 人溺水。现场失控，同学们有的哭喊，有的呼救，有的报警求助。100 米外的宝塔湾大堤上，3 名冬泳爱好者闻声急忙赶来相救。

尸者手牵绑尸绳谈价要钱好冷酷

当冬泳爱好者、其他大学生还有渔夫救出 9 名大学生和另外一名落水少年后，江面上就再看不到人影了——陈及时、何东旭、方招已经沉入江中。现场参与救援的两条渔船离开了宝塔湾，下水救人的冬泳队员韩德元、鲁德忠、杨天林也因体力不支相继上岸。

渔船离开几十分钟后，两只打捞船向宝塔湾开来。此时，长江大学校领导也闻讯赶到事发现场。“‘活人不救，只捞尸体，打捞一个 1.2 万元，先交钱，后打捞。’对方开口就是这话……”在场的高阳说，“打捞船开到后，没有一点救人的意思，所有的对话都围绕着一个钱字”。救援的理想时间是溺水后的 5~7 分钟，等其他打捞船赶到的时候，早已没有“救人”的希望了。

当时校领导身上带的现金不够，答应对方先捞人，剩余的钱随后补上，但打捞船船主不干。其间有女同学“跪求”打捞船船主尽快救人，但对方就是坐在船上不动。无奈，师生们掏出身上所有的钱，凑了4000元交给对方，捞尸者才开始打捞，同时扬言：“钱不到位的话，只打捞一个。”

现场多名同学证实，打捞船船主挟尸要价。有的目击者还现场拍下照片为证：画面上，被打捞上来的一具大学生的遗体被绳子绑着，大半个身子浸在水里；一名穿白衬衫的老年男子，一边拉着绑尸体的绳子，一边摆手和岸上的师生谈价要钱，表情木然。捞尸者就干脆坐在船上等着学校领导派人回校取钱。打捞3具遗体，捞尸者前后一共收取了3.6万元……

在物欲横流的社会大背景下，在一些人精神迷失的时代阴影面前，我们的“90后”年轻人，特别是以有知识、有理想的大学生群体为典型代表，彰显出令人感佩的代际特征。这是一次偶然却又必然的对“90后”一代精神特质的悲壮证明，是三位青年英雄和他们的同伴对所有关注这一代青年成长的中华同胞的泣血承诺。这也许折射出我们当今这个社会的一种矛盾现状：一方面很多人保留了见义勇为的精神情操和对这种善行的赞美，另一方面又到处可见为捞钱而不择手段的种种丑行。在过去的几十年中，一些中国人的价值观有了很大的改变，对财富的追求已经成为他们的人生目标。然而这种追求现在走得太远了，到了很多人为了寸金利益而随时准备牺牲道德准则的地步了。(资料来源：中国新闻网)

【资料2】河北工程大学章嘉珺群体获“邯郸市见义勇为模范”荣誉称号

2014年12月19日，邯郸市人民政府作出《关于授予陈永佳等十二人(含群体)“邯郸市见义勇为模范”荣誉称号的决定》(后简称《决定》)，对全市见义勇为先进个人和群体进行表彰，河北工程大学建筑学院学生章嘉珺、孔庆博、王琛、侯汉阳、黄向斌群体获“邯郸市见义勇为模范”荣誉称号。

2014年6月1日晚，章嘉珺等人在滏阳河罗城头桥西侧同学聚会，同伴不慎滑入河中。章嘉珺等五名学生立即下水救援，因堤坝水流形成的水涡湍急，章嘉珺、孔庆博不幸牺牲，其他三名学生获救。章嘉珺等五名学生临危不惧、舍己救人、勇于献身的事迹充分展现了当代大学生的精神风貌，彰显了中华民族的传统美德。《决定》号召向他们学习，学习他们临危不惧、见义勇为的传统美德，学习他们危难处救人、不怕牺牲的英雄气概，学习他们乐于奉献、勇于献身的高尚情操。要以章嘉珺群体为榜样，树立正确的世界观、人生观、价值观，增强责任感、使命感，大力弘扬见义勇为的社会风尚，自觉践行社会主义核心价值观。(资料来源：燕赵都市报)

【方案3】专题讨论——人的本质是什么

在讲授“人的本质的科学内涵”时，由斯芬克斯之谜导入理论学习，激发学生的兴趣，组织开展关于“人的本质”的讨论。讨论过程中，通过了解中西方思想家关于“人的本质”的不同论述，引导学生全面把握马克思关于“人的本质”的科学论断。

【资料 1】斯芬克斯之谜

斯芬克斯是希腊神话中一个长着狮子躯干、女人头面的有翼怪兽。坐在忒拜城附近的悬崖上，向过路人出一个谜语：“什么东西早晨用四条腿走路，中午用两条腿走路，晚上用三条腿走路?”如果路人猜不出，就被吃掉。俄狄浦斯猜中了谜底，那就是——人，斯芬克斯羞愧得跳崖而死。

【资料 2】人的本质

1. 西方思想家的观点

亚里士多德：人是理性的动物。

普罗泰格拉：人是万物的尺度。

达·芬奇：人不过是食品的通道和运河。

培根：人是自然的仆役。

拉美特利：人是一架复杂的机器。

富兰克林：人是会制造、使用工具的动物，是唯一用背睡觉的动物。

黑格尔：人是绝对理念外化的产物。

卡西尔：人是能利用符号去创造文化的动物。

2. 中国思想家的观点

孔子：人者，天地之心也，五行之端也，食味别声被色而生者也。

孟子：人之所以异于禽兽者几希，庶民去之，君子存之。

焦循：人之所以异于禽兽者，在此利不利之间，利不利即义不义，义不义即宜不宜，宜则智也。不能知宜不宜，则不智也。智人也，不智禽兽也。几希之间，一利而已矣；即一义而已矣，即一智而已矣。

3. 马克思的观点

1845 年春，马克思在《关于费尔巴哈的提纲》中提出了人的本质的科学论断：“人的本质并不是单个人所固有的抽象物。在其现实性上，它是一切社会关系的总和。”

【资料 3】印度狼孩的故事

1920 年 10 月，一位印度传教士辛格在印度加尔各答的丛林中发现两个狼哺育的女孩。大的女孩约 8 岁，小的 1 岁半左右。据推测，她们是在半岁左右时被母狼带到洞里去的。辛格给她们起了名字，大的叫卡玛拉(Kamala)，小的叫阿玛拉

(Amala)。当她们被领进孤儿院时，一切生活习惯都同野兽一样，不会用双脚站立，只能用四肢走路。她们害怕日光，在太阳下，眼睛只开一条窄缝，而且，不断地眨眼。她们习惯在黑夜里看东西。她们经常白天睡觉，一到晚上则活泼起来。每夜10点、1点和3点循例发出非人非兽的尖锐的怪声。她们完全不懂语言，也不发出人类的音节。她们两人经常动物似的蜷伏在一起，不愿与他人接近。她们不会用手拿东西，吃起东西来真的是狼吞虎咽，喝水也和狼一样用舌头舔。吃东西时，如果有人或有动物走近，便呜呜作声去吓唬人。在太阳下晒得热时，即张着嘴，伸出舌头来，和狗一样地喘气。她们不肯洗澡，也不肯穿衣服，并随地便溺。

她们被领进孤儿院后，辛格夫妇异常爱护她们，耐心抚养和教育她们。总的说来，阿玛拉的发展比卡玛拉要快些。进了孤儿院两个月后，当她渴时，她开始会说“bhoo(水，孟加拉语)”，并且较早对别的孩子的活动表现出兴趣。遗憾的是，阿玛拉进院不到一年，便死了。卡玛拉用了25个月才开始说第一个词“ma”，4年后一共只学会了6个字，7年后增加到45个字，并曾说出用3个字组成的句子。进院后16个多月卡玛拉才会用膝盖走路，2年8个月才会用两脚站起来，5年多才会用两脚走路，但快跑时又会用四肢爬行。卡玛拉一直活到17岁。但她直到死还没真正学会说话，智力只相当于三四岁的孩子。(资料来源：[印]辛格．狼孩：对卡玛拉和阿玛拉的抚养日记)

【方案4】观看《2014年感动中国人物颁奖典礼》视频，撰写心得体会

每年一度的“感动中国人物”评选，被称为“中国人的年度精神史诗”。感动是一种养分，更是一种力量，每个学生都需要用榜样的力量，来激发和促使自己不断奋进、不断成长。在学习“追求高尚的人生目的”相关内容时，组织学生观看《2014年感动中国人物颁奖典礼》视频，以“平凡孕育辉煌　榜样凝聚力量”为题撰写心得体会，引导学生自觉追求崇高的人生目的，在服务人民和奉献社会的实践中实现有意义的人生。

【资料】感动中国人物先进事迹

中国核潜艇之父——黄旭华

【颁奖词】誓言无声

时代到处是惊涛骇浪，你埋下头，甘心做沉默的砥柱；一穷二白的年代，你挺起胸，成为国家最大的财富。你的人生，正如深海中的潜艇，无声，但有无穷的力量。

【事迹】黄旭华，男，87岁，中国第一代核动力潜艇研制创始人之一，被誉为“中国核潜艇之父”。

1958 年，我国批准核潜艇工程立项。那时中苏关系尚处于蜜月期，依靠苏联提供部分技术资料，是当初考虑的措施之一。1959 年，苏联提出中断对中国若干重要项目的援助，对中国施加压力。毛泽东听后发誓：“核潜艇———一万年也要搞出来。”曾有过几年仿制苏式常规潜艇经历又毕业于上海交大造船系的黄旭华被选中参研。30 多年中，8 个兄弟姐妹都不知道黄旭华搞核潜艇，父亲临终时也不知他是干什么的，母亲从 63 岁盼到 93 岁才见到儿子一面。

核潜艇是集核电站、导弹发射场和海底城市于一体的尖端工程。中国的核潜艇研制工作是从一个核潜艇玩具模型一步一步开始的。为研制核潜艇，新婚不久的黄旭华告别妻子来到试验基地。后来他把家安在了小岛上。为了艇上千万台设备，上百公里长的电缆、管道，他要联络全国 24 个省市的 2000 多家科研单位，工程复杂。那时没有计算机，他和同事用算盘和计算尺演算出成千上万个数据。1964 年，黄旭华终于带领团队研制出我国第一艘核潜艇，使中国成为世界上第五个拥有核潜艇的国家。1988 年，核潜艇按设计极限在南海做深潜试验。黄旭华亲自下潜 300 米，是世界上核潜艇总设计师亲自下水做深潜试验的第一人。

黄旭华曾先后多次获得国家科学技术进步特等奖，全国科学大会奖等，为国防事业、为我国核潜艇事业的发展作出了重要贡献。

高龄孤寡“五保”老人拾荒助学子——刘盛兰

【颁奖词】崇仁厚德

残年风烛，发出微弱的光，苍老的手，在人间写下大爱。病弱的身躯，高贵的心灵，他在九旬的高龄俯视生命。一沓沓汇款，是寄给我们的问卷，所有人都应该思考答案。

【事迹】刘盛兰，男，91 岁，山东省烟台市蚕庄镇柳杭村村民，“五保”老人。

刘盛兰是位普通村民，年轻时在外打工，后来在一家企业作保管员。73 岁的时候，老伴去世，他成了孤寡老人。为了让自己老了无力行动时，身边会有一个照顾他的人，他开始了助学。这是老人的初衷。但后来，他助学的规模远远地超出了自己的想象。

1998 年，刘盛兰在报纸上看到了一则救助报道，从那时起，73 岁的他就将自己微薄的工资捐出去。而受捐助的学生，也逐渐从周边几个地市“扩张”到全国各地。最多的时候，他同时资助着 50 多名学生。

每天清早，刘盛兰起来弄点简单的饭菜，就骑着自行车走村串巷去了，直到捡回一大堆破烂。他 17 年几乎未尝肉味，没添过一件新衣，“吝啬”得连一个馒头都舍不得买，可捐资助学总计 7 万多元，资助了 100 多个学生。刘盛兰一直没进养老院，这样能拿到每年 4000 元的生活补贴。这些钱他全部捐给了贫困学生。

刘盛兰唯一珍藏的是一个深蓝色布袋，里面装满了汇款单和回信。这么多年过去了，老人也不记得汇出去多少钱、收了多少封信。2013 年 8 月，因为肾病，刘盛兰住进了医院，但他仍然惦记着捐资助学，担心汇款中断和没到位会断了孩子们的希望。得知老人住院，很多受资助的孩子回来看望他，照顾他。

带领村民致富　老百姓的贴心人——段爱平

【颁奖词】

山梁挡住了阳光，你用肩膀扛起乡亲的盼望。村庄在渐渐丰满，你的身体却慢慢柔弱。庄稼，总要把一切还给泥土。你贴工，贴钱，贴命，你还贴近百姓的心。

【事迹】段爱平，女，57 岁，山西长治市襄垣县王桥镇返底村党支部书记、村委会主任。

1998 年，段爱平嫁进了返底村。为改善生活，她借钱做起了焦炭生意，两年下来赚了几十万元。当时的返底村是个名副其实的穷村，村小学的教室是危房，孩子们没有教师上课。没上过学的段爱平决定出资为村里建一所新小学。

1999 年，段爱平在没有参加候选的情况下，高票当选为返底村村委主任。上任后，段爱平先后给村里盖了学校，建了养老院。为了建养老院，她没时间陪肝癌晚期的老伴，为了使村民发家致富，她带领村民种植药材，改造全村电网，投资园林建设，栽植树木，而这些项目中段爱平自己就贴了十几万元。

去年，段爱平被诊断为淋巴癌，经过化疗、电烤，她的脖子已经看不到完整的肌肤，每天就靠葡萄糖和止疼药度日，身体已经到了严重透支的地步。就是这样，她也没有离开工作岗位，每天想着的是要尽力再为村民做更多的事。(资料来源：中央电视台)

【方案 5】感动校园人物访谈——寻访身边的榜样

讲授“确立积极进取的人生态度”时，在学习 2014 年感动中国人物先进事迹基础上，开展“感动校园人物”访谈活动，通过寻访身边的榜样，引导学生感受榜样力量，提升精神境界，确立乐观向上、积极进取的人生态度。

具体实施环节：

1. 在校内选定访谈对象。条件要求：

教师：学校杰出校友；历年来被评为“师德标兵”、“优秀共产党员”、“最美教师”、“学生最喜爱的老师”以及在教学科研岗位作出杰出贡献的在校教师。

学生：面对家庭的贫困，自强自立，用执著和坚持在逆境中飞扬，在逆境中创造奇迹的自强之星；恪尽职守，能热心为广大同学服务，带领同学创建一个团结进取、奋发向上、充满朝气的优秀学生干部；热心公益，甘于奉献，为志愿服务而不懈努力的大学生公益使者；尊敬师长，孝敬父母、拾金不昧，助人为乐的最美大学生等。

2. 了解访谈对象的背景资料，包括所取得的成绩、发展轨迹、相关评价等。准备一份详细的以“不懈努力奋斗，实现人生价值”为主题的访谈大纲，合理设计访谈环节。

3. 与访谈对象联系，商定访谈的时间地点。根据访谈提纲，围绕人生观、价值观的主题进行访谈。做好访谈记录、录音、摄影等相关资料积累工作。

4. 利用收集资料、访谈资料，制作图文并茂的、5分钟左右的PPT。

5. 教师择时抽取或指定部分学生进行汇报交流。

【资料1】一位高校老师的拥军情——记河北工程大学实习基地主任高英

河北工程大学实习基地主任高英老师，因为20多年爱国拥军，广受社会好评，2007年荣获“全国爱国拥军模范”。她是全国唯一来自高校的获奖者，还先后获得全国国防教育先进个人、河北省十佳女杰、邯郸市十佳感恩杰出人物等荣誉。

出身于军人家庭，后来又嫁给军人的高英，对部队有一种特殊的感情。高英所在的河北工程大学附近驻守着一支海军部队。她心疼那些战士们，总想着去慰问他们，可那时自己又没什么经济能力，于是她就用了五天时间炒制了600多包爆米花，送到部队每个官兵手中。建军节、大年三十她都在部队和战士们一起过，这个习惯她坚持了20多年。得知官兵有了成绩和荣誉，高英总要前去鼓励；听说官兵有了困难，高英立刻伸出援手。近年来，高英先后帮助周边乡村120多名退伍军人和军烈属依靠养殖业实现了脱贫致富。

高英不仅自己是拥军典型，她还有意充当社会拥军的一面旗帜，发挥了引领和“酵母”的作用。在高英的影响下，她的家人也加入到拥军行列中。两个孩子在念大学的时候，每年都把节省下来的奖学金交给妈妈用来拥军。二儿子毕业后到上海东方航空公司工作，拿到的第一张免费机票就送给了妈妈，让她到三亚海军基地慰问海军战士。老伴刘德举每年春节都要和高英一起包几十公斤的水饺送给部队，买菜、剁馅儿、包饺子，一干就是一个通宵。作为校医，老刘还经常到海军部队为官兵、随军家属义务巡诊、治病，不分昼夜，随叫随到。

如今的高英，是邯郸市有名的拥军模范。每当遇到急难重任务，第一个站出来的准是高英。汶川地震，高英看到抢险的人民子弟兵、公安消防战士舍生忘死的身影，心疼得直落泪。当政府在第一时间向全市人民发出抗震救灾号召，高英带头拿出个人工资1万元捐献给了灾区。为支援灾区，邯郸市派出33名公安消防官兵组成抢险小分队奔赴地震重灾区，高英得知这一情况后，立刻带着价值4000元的通信卡，赶往部队为官兵分发。参加抢险救灾的官兵圆满完成任务返回时，高英又赶到军营，将1万元现金交到炊事班，给抗震救灾的战士增加营养，并送上一面绣有“人民卫士，国家功臣”的锦旗。邯郸军分区政治部主任杨国祥对记者说，邯郸革命老区是一块拥军热土，邯郸市目前已有全国和省、市拥军模范200多名。

“啥叫幸福？不是有了钱就有了幸福，真正的幸福是对国家有所贡献。”高英对记者说，“创业奉献，爱国拥军是我一生的追求和最大的幸福。”（资料来源：《解放军报》2009 年 8 月 11 日）

【资料 2】邯郸小伙儿获称“中国大学生自强之星”

由共青团中央、全国学联主办的 2014 年度“中国大学生自强之星”评选活动获奖名单近日揭晓。河北工程大学资源学院学生丰云雷获“中国大学生自强之星”称号，信息与电气工程学院学生李永乾获”中国大学生自强之星”提名奖。

2014 年“中国大学生自强之星”以“青春自强 · 励志华章——当代中国大学生践行社会主义核心价值观”为活动主题。宣传褒扬在爱国奉献、道德弘扬、科技创新、自立创业、志愿公益等方面有突出的事迹或成就的当代大学生典型。丰云雷同学品学兼优、热心公益，曾任学校研究生会常务副主席、社区辅导员，12 级矿业工程专业团支书。2009 年 3 月丰云雷加入中华骨髓库。2013 年 12 月，成功捐献造血干细胞，挽救了一个 9 岁孩子的生命。

据悉，自 2006 年至今，河北工程大学先后有 8 名同学荣获“中国大学生自强之星”称号，9 名同学获得“中国大学生自强之星”提名奖。（资料来源：《邯郸日报》2015 年 3 月）

【方案 6】焦点新闻大家谈——雷楚年：从抗震英雄到诈骗犯

在讲授“创造有价值的人生”时，向学生介绍并一起讨论焦点新闻“雷楚年——从抗震英雄到诈骗犯”。通过对“雷楚年事件”的讨论、剖析和反思，使学生深刻了解科学的人生观、价值观能够为人生指明正确的方向，而错误的人生观、价值观则会把人引向歧途，引导学生在服务人民和奉献社会的高尚人生观的指引下实现有价值的人生。

【资料】汶川抗震小英雄涉嫌诈骗或获刑 10 年

6 年前，雷楚年救人并纵身一跃，为他人和自己争取到生的希望，6 年后，身负英雄光环的他，却跃入了深渊……

雷楚年，这个名字，不只在成都、在四川，乃至在全国来说，也曾经是一个响当当的名字——当年在汶川大地震中，这个彭州初中生，在地震发生时勇救 7 名同学，与林浩等一起被评为全国“抗震救灾英雄少年”，他也因此成为 2008 年北京奥运会火炬手。一个曾经收获了荣誉和光环的英雄少年，为何走入了犯罪的深渊？

他的光环：地震中勇救 7 同学

时年 15 岁的雷楚年曾是磁峰中学的初三学生。2008 年，汶川大地震发生的瞬间，他正在课间休息，突然感觉脚下在抖，意识到发生地震后，雷楚年撒腿跑到了操场上。但他发现很多同学还没有下来，他又急匆匆地跑回了教室，冒着生命危险，救出了里面的7名同学，而自己的逃生之路则被阻断。雷楚年想起了教室旁边的那棵树，纵身一跃，他抱住了那棵树滑了下来。就在他踏进操场的那一瞬间，教学楼在他身后轰然倒塌。当时有电视台得知雷楚年救人一事后前来采访。央视新闻频道5.12大地震特别节目《铭记》还给雷楚年做了一期14分钟多的《少年雷楚年》的专题，评价他是一个冷静、机敏和勇敢的娃娃。2008年6月，雷楚年成为全国37名抗震救灾英模报告团的一员，他是代表团唯一的学生。不久，他又接到当奥运会火炬手的通知。

他的变化：离学校越来越远　大手大脚地花钱

虽然学习成绩一般，但鉴于他在地震中的英勇表现，不少学校想免试录取他，但他最终选择了成都的一所重点中学。据媒体公开报道，那所高中免除了他所有的学杂费，还给他发放每月200元的补贴。为了让他跟上全班的进度，各科老师还给他“开小灶”。

雷楚年走到哪儿都是英雄，最终迷失了自己。一位姓黄的老师很关心他，再三要求他返回学校读书，但不起作用，“经常逃课，他那时的光环好重啊，到处耍”。雷楚年喜欢打牌，经常打牌。雷楚年曾向朋友炫耀，他上高中时特别火，有人带着他玩，带着他打牌，还给他钱。

他的前女友郝某说，雷楚年平时花销很大，他在成都的正常花销每个月起码上万。他还喜欢旅游，“我们去过三次三亚，还去了北京、厦门、桂林、丽江等很多地方”。每次出去旅游，雷楚年都要住四星、五星级别的高档酒店，租豪华车开。而且，他还经常在买了经济舱的机票后，偷偷换成头等舱，然后告诉郝某，他是因为抗震救灾英雄的荣誉免费升级为头等舱的。但他的家庭条件却一般，父母是工薪阶层。

他的犯罪：连续诈骗　靠“帮人办事”收钱

由于雷楚年名声在外，经常有人托他办事，他就通过撒谎、说大话、伪造公章等方式，对别人许下无法兑现的诺言来诈骗他人钱财。雷楚年声称自己认识一家航空公司前董事长的儿子，以帮郝某在航空公司找工作的理由诈骗郝某10万元；还说他在教育局有关系，以答应帮朱某某和唐某某的孩子进重点中学为由分别诈骗两人10.5万元和7万元，之后又以各种方式诈骗前来购买驾照的受害者。

2014年6月24日，雷楚年因涉嫌诈骗罪被成都市公安局高新区分局刑事拘留。7月底，高新区检察院批准逮捕，并于10月以诈骗罪、伪造国家机关印章、伪造公司印章罪起诉雷楚年。

2014年11月3日，高新法院开庭审理。检方指控，雷楚年以非法占有为目的，虚构事实，诈骗多名被害人财产，数额巨大，其行为已经构成诈骗罪，并且具有流窜作案的特别严重情节，应当判处10年以上有期徒刑，并处罚金或没收财产。同时，雷楚年还涉嫌伪造国家机关印章罪、伪造公司印章罪。雷楚年也因涉嫌这三重罪名，被起诉到法院。

我们的反思：

雷楚年一案的检察官认为，雷楚年获得抗震救灾英雄少年称号后就开始自我膨胀，价值观、人生观随之发生变化。他的老师也认为：每个学生都应踏踏实实地读书，梯子只能一格一格地爬，不能从第一格跳到最高一层，雷楚年，就因为这么一个事情，一下子收获了许多，自己却不能正确面对给予他的这一切。（资料来源：《成都商报》2014年12月3日）

【方案7】课堂辩论——白毛女该不该嫁黄世仁

在讲授"人生价值的评价标准"相关内容时，组织课堂辩论——白毛女该不该嫁黄世仁。白毛女作为受黄世仁压迫、奋起反抗斗争的形象，本已深入人心，但是随着人们价值观的多元化，一些人对此有了不同的见解，白毛女的故事再一次成为了热点话题。大多数人认为：喜儿绝对不应该嫁，中国自古以孝为先，黄世仁逼死了自己的父亲，这种杀父之仇不共戴天，喜儿的不嫁让我们看到了斗争，看到了反抗，既符合了传统道德观，也是当时社会价值体系的最高表现。但是也有少数人认为：喜儿如果嫁给黄世仁，这不失为一种以退为进的生存方法，而且如果黄世仁生活在现代，有钱有势为什么不能嫁给他呢？大学生找工作这么难！嫁给黄世仁就有钱了，就可以创业了。

在辩论总结过程中，引入"拜金女"、"富二代"、"官二代"及"拼爹"等社会热点话题，让学生充分了解拜金主义、享乐主义错误人生观的危害性，掌握人生价值的正确评价标准，真正做到知荣明耻、褒荣贬耻，扬荣抑耻。

【资料1】《焦点访谈》揭露相亲节目　痛批马诺误导择偶观

近来，一些电视相亲节目、情感故事节目受到了很多观众的批评和质疑。6月上旬，国家广电总局连续下发了两份通知，直指当前婚恋交友类电视节目和情感故事类电视节目中存在的"弄虚作假、低俗炒作、混淆是非、误导观众"等问题。两份通知公布后，立即引起了全社会的广泛关注。主流媒体应该担当起什么样的社会责任，应该坚守什么样的价值观，更成为人们关注的焦点。《焦点访谈》，再度为人们揭露了热门相亲节目背后存在的种种问题。

随着相亲交友节目的井喷式开播，尤其是浙江卫视的《为爱向前冲》、江苏卫视的《非诚勿扰》、湖南卫视的《我们约会吧》、贵州卫视的《相亲相爱》等栏目，它们为抢眼球而炮制的越来越出位的话题，以及不加合理引导的价值误区，已引起无数质疑的声音。《非诚勿扰》节目中，一位爱好骑自行车且无业的男人问女嘉宾马诺："你喜欢和我一起骑自行车逛街么？"马诺毫不犹豫地回答："我还是坐在宝马里边哭吧。"据某网站调查，有71.6%的受调查者认为，这类节目对社会道德和风气造成了损害。网友"刹那年华"说："这些节目赢得了骂名，失去了荣誉，看了都觉得浪费时间，相亲是为了步入婚姻，婚姻是人生大事，岂可如此儿戏，是应该好好整顿管理了。"这些话，反映出大多数观众的心声。一位大学生说："看了她们之后，觉得社会上的女生真可怕，我觉得马诺有些方面就表现得挺过的，很多东西可能会误导一些人的择偶观。"（资料来源：中国新闻网）

【资料2】富豪相亲会到底"相"的是什么？

原本，富豪征婚、美女应征无可厚非。通过"红娘"谋求更多的机会，也可以理解。何况，这纯属于私人的事情，他人似乎不容置喙。但纵观近年来"方兴未艾"、高潮迭起的富豪征婚潮，其中婚姻爱情的因子逐渐苍白，炫富作秀乃至低级恶俗的味道日趋浓重。"相亲"已演变成了高调、公开的婚姻物化行为。相亲会到底"相"的是什么？

蓝天、白云、沙滩，一排美女身着泳装台上展示，台下坐着评委和嘉宾，这是发生在武汉东湖沙滩浴场上的一场富豪相亲会。所有参与男性，要求个人资产3000万元以上或年收入100万元，且要花99999元买一张相亲会门票。女性免报名费……

2011年6月25日下午，一场财富英雄相亲会在武汉东湖沙滩浴场上演。经过前一段名媛展示活动的严酷角逐，这次出席的60名佳丽，个个身着火热风情的比基尼，大方展示着健康美丽的体形，令现场富豪们心动不已。

富豪相亲会到底"相"的是什么？从办会宗旨可一见端倪：富豪相的是美貌，美女相的是财富。男方似乎在挑选"意中人"，实则已沦为"买色"；女方好像是"婚姻自主"，本质是受制于"拜金"。虽说还有其他因素是下一步要考虑的，但在此基础上建立的爱情、婚姻，已然相当不对味了。

富豪相亲将"郎财女貌"、"干得好不如嫁得好"思想泛滥化、庸俗化，助长了贪图享受、不劳而获的想法。

富豪相亲表面上是当事人之间你情我愿的纠葛，但如果爱情、婚姻可以"按质论价"，还有什么不可以买卖？正面张扬横流的物欲，实质意味着公正与美德的沦丧。因此，低俗的富豪相亲蔓延和泛化，是对社会文明的危害，不能不引起人们的关注与思考。（资料来源：新华时政）

【方案8】我学习，我践行——社会主义核心价值观主题系列活动

在学习人生观、价值观相关理论知识的基础上，组织开展“我学习，我践行”社会主义核心价值观主题系列活动，使学生深入了解社会主义核心价值观的内涵和要求，积极践行社会主义核心价值观，自觉把个人价值追求融入到民族复兴、国家发展的伟大实践中。

【活动一】组织观看核心价值观电视专题片《国魂》

播放由中央电视台科教频道制作的三集电视专题片——《国魂》，使学生深刻理解社会主义核心价值观的重大意义，厘清社会价值和个体价值、道德价值和功利价值关系。

【资料1】深刻理解社会主义核心价值观的内涵和意义

党的十八大提出，倡导富强、民主、文明、和谐，倡导自由、平等、公正、法治，倡导爱国、敬业、诚信、友善，积极培育和践行社会主义核心价值观。富强、民主、文明、和谐是国家层面的价值目标，自由、平等、公正、法治是社会层面的价值取向，爱国、敬业、诚信、友善是公民个人层面的价值准则，这24个字是社会主义核心价值观的基本内容。

“富强、民主、文明、和谐”，是我国社会主义现代化国家的建设目标，也是从价值目标层面对社会主义核心价值观基本理念的凝练，在社会主义核心价值观中居于最高层次，对其他层次的价值理念具有统领作用。富强即国富民强，是社会主义现代化国家经济建设的应然状态，是中华民族梦寐以求的美好夙愿，也是国家繁荣昌盛、人民幸福安康的物质基础。民主是人类社会的美好诉求。我们追求的民主是人民民主，其实质和核心是人民当家做主。它是社会主义的生命，也是创造人民美好幸福生活的政治保障。文明是社会进步的重要标志，也是社会主义现代化国家的重要特征。它是社会主义现代化国家文化建设的应有状态，是对面向现代化、面向世界、面向未来的，民族的、科学的、大众的社会主义文化的概括，是实现中华民族伟大复兴的重要支撑。和谐是中国传统文化的基本理念，集中体现了学有所教、劳有所得、病有所医、老有所养、住有所居的生动局面。它是社会主义现代化国家在社会建设领域的价值诉求，是经济社会和谐稳定、持续健康发展的重要保证。

“自由、平等、公正、法治”，是对美好社会的生动表述，也是从社会层面对社会主义核心价值观基本理念的凝练。它反映了中国特色社会主义的基本属性，是我们党矢志不渝、长期实践的核心价值理念。自由是指人的意志自由、存在和发展的自由，是人类社会的美好向往，也是马克思主义追求的社会价值目标。平等指的是公民在法律面前的一律平等，其价值取向是不断实现实质平等。它要求尊重和保障人权，人人依法享有平等参与、平等发展的权利。公正即社会公平和正义，它以人的解放、人的自由平等权利的获得为前提，是国家、社会应然的根本价值理念。法治是治国理政的基本方式，依法治国是社会主义民主政治的基本要求。它通过法制建设来维护和保障公民的根本利益，是实现自由平等、公平正义的制度保证。

"爱国、敬业、诚信、友善"，是公民基本道德规范，是从个人行为层面对社会主义核心价值观基本理念的凝练。它覆盖社会道德生活的各个领域，是公民必须恪守的基本道德准则，也是评价公民道德行为选择的基本价值标准。爱国是基于个人对自己祖国依赖关系的深厚情感，也是调节个人与祖国关系的行为准则。它同社会主义紧密结合在一起，要求人们以振兴中华为己任，促进民族团结、维护祖国统一、自觉报效祖国。敬业是对公民职业行为准则的价值评价，要求公民忠于职守，克己奉公，服务人民，服务社会，充分体现了社会主义职业精神。诚信即诚实守信，是人类社会千百年传承下来的道德传统，也是社会主义道德建设的重点内容，它强调诚实劳动、信守承诺、诚恳待人。友善强调公民之间应互相尊重、互相关心、互相帮助，和睦友好，努力形成社会主义的新型人际关系。（资料来源：《人民日报》2013 年 5 月 22 日）

【资料 2】专题片《国魂》介绍

该片分上中下三篇，分别从国家、社会和个人层面对社会主义核心价值观进行了解读和阐释。片头统一采用海采方式切入，通过对不同地区、行业、职业的群众进行现场采访，体现社会主义核心价值观是当代中国价值观认同的最大公约数。在总体拍摄风格上突出鲜活、生动、接地气的特点，采取故事化情节和夹叙夹议的方式，让观众在欣赏中获得启迪、感受价值观的力量。

上篇主要展现社会主义核心价值观在国家层面的价值要求。全篇贯穿实现中华民族伟大复兴的中国梦这一鲜明主题，简要介绍了社会主义核心价值观提出的历史背景与过程。分别对富强、民主、文明、和谐进行了阐述。在叙事风格上主要以"振奋"为基调，运用大量鲜活生动的案例、国家经济社会发展成就的画面和具有启发意义的解说词，为广大观众营造一种国家好、民族好、大家才能好的视觉氛围，激发广大观众内心深处对于国家富强、民族复兴、人民幸福的渴望和共鸣。

中篇主要展现社会主义核心价值观在社会层面的价值要求。全篇贯穿让全体人民感受公平正义阳光这一主线，分别对自由、平等、公正、法治进行了阐述。在叙事风格上主要以"温暖"为基调，运用众多小人物的小故事、简洁明快的画面和娓娓道来的解说方式，让观众在细节中感受国家为建设自由、平等、公正、法治社会而进行的努力，以及由此带来的老百姓生活实实在在的变化。

下篇主要展现社会主义核心价值观在公民个人层面的价值要求。全篇贯穿每一个公民自觉践行社会主义核心价值观这一主线，分别对爱国、敬业、诚信、友善进行阐述。在叙事风格上主要以“感动”为基调，运用先进典型和平凡人物的感人事迹和画面，电视散文的解说方式，带领观众进入到人物的故事和场景中，让观众感受榜样的力量，引发情感的共鸣。(资料来源：中国文明网)

【活动二】主题演讲活动——激昂青春梦，核心价值行

在学习和观看核心价值观资料和视频的基础上，开展“激昂青春梦，核心价值行”主题演讲活动。启迪和引导学生结合发生在自己身边印象深刻的真实故事和变化，畅谈对于“核心价值观”的理解，增强学生践行社会主义核心价值观的自觉性，强化爱国意识、责任意识、担当意识，促进学生成长成才。

【活动三】评选班级最美之星

组织开展“践行核心价值观　评选班级最美之星”活动，使学生感受身边榜样的力量，争做德、智、体、美全面发展的优秀学生。

具体评选方案：

1. 学习之星：学习态度端正，学习目的明确，专业知识扎实，勤奋好学、刻苦钻研，学习成绩优异；品学兼优、爱好广泛，全面发展，积极推动班级学风建设；勤学善思，力行创新，帮助同学解决学习上的困难，带动同学共同进步。

2. 科研之星：学习成绩优异，具有良好的科学素养和实践创新精神，积极参加学术活动、学科竞赛和各类科研创新实践活动，崇尚科学、追求真知，有较强的创新精神和创新能力。

3. 文艺之星：热心文艺活动，具有较高的艺术修养和艺术功底，能够积极代表班级、学院参加各级各类文艺比赛，为丰富校园文化生活、推动校园文化建设作出贡献。

4. 体育之星：具备良好的体育道德，体育方面有特长，热心体育活动推广发展，热心推广体育运动，能够带动和影响周围同学参与体育活动，积极参加校内外各项运动比赛，并取得突出成绩，为学校和班级赢得荣誉。

5. 道德之星：能够自觉践行社会主义核心价值观，尊敬师长，孝敬父母，不计较个人得失，拾金不昧，助人为乐，积极向上，具有正义感，能做到临危不惧，见义勇为，深受他人敬佩。

【活动四】社会主义核心价值观理论知识竞赛

组织开展社会主义核心价值观理论知识竞赛，使学生更加深刻的理解社会主义核心价值观的内涵和意义，科学认识社会发展规律，确立与社会主义核心价值观相一致的人生目标，成为践行社会主义核心价值观的“先行军”。

【资料】社会主义核心价值观理论知识竞赛题目

一、单项选择题

1. 先秦时期就提出了“和而不同”、“和合中庸”、“政通人和”、“天人合一”、“协和万邦”等丰富多彩、意蕴深远的(　　)理念。

A. 重和谐　　B. 重伦理

C. 重民本　　D. 重爱国

2. “(　　)”是马克思主义关于社会主义核心价值观论述的基本原则。

A. 人的解放　　B. 人的自由而全面发展

C. 公平正义　　D. 自由博爱

3. 我们现在所提倡的“(　　)”，内在地吸收了历史上所创造的一切思想精华，是对马克思主义人本价值理念认识的发展和深化，体现着价值尺度从“物”到“人”的转移。

A. 人定胜天　　B. 精神文明

C. 物质文明　　D. 以人为本

4. (　　)是社会主义中国的精神旗帜。这种精神是一种理想、一种信仰，也是一种凝聚力和向心力。

A. 社会主义平等观　　B. 社会主义核心价值观

C. 社会主义革命观　　D. 社会主义民主观

5. (　　)是社会主义道德建设的核心。

A. 以人为本　　B. 人民当家做主

C. 集体主义　　D. 为人民服务

6. (　　)是社会主义道德建设的基础。

A. 社会公德　　B. 职业道德

C. 家庭美德　　D. 个人品德

7. (　　)是社会主义民主政治的本质和核心。

A. 人民当家做主　　B. 党内民主

C. 基层民主　　D. 民主选举

8. 中国特色社会主义的总布局是(　　)。

A. 经济、政治、文化、社会建设“四位一体”

B. 实现社会主义现代化和中华民族伟大复兴

C. 经济、政治、文化、社会、生态文明建设“五位一体”

D. 社会主义初级阶段

9. 培育和践行社会主义核心价值观，要紧紧围绕(　　)这一主题，紧紧围绕(　　)这一目标，紧紧围绕(　　)这一基本内容。

A. 坚持和发展中国特色社会主义　三个倡导　实现中华民族伟大复兴中

国梦

B. 三个倡导　实现中华民族伟大复兴中国梦　坚持和发展中国特色社会主义

C. 坚持和发展中国特色社会主义　实现中华民族伟大复兴中国梦　三个倡导

D. 实现中华民族伟大复兴中国梦　坚持和发展中国特色社会主义　三个倡导

10. 培育和践行社会主义核心价值观，坚持以(　　)为核心，抓住世界观、人生观、价值观这个总开关。

A. 爱国主义　B. 集体主义

C. 社会主义　D. 理想信念

二、多项选择题

1. 中华民族传统文化源远流长，博大精深，积淀着中华民族最深层次的精神追求，包含着中华民族最根本的精神基因，是凝练社会主义核心价值观珍贵的思想资源。它包括以下理念(　　)。

A. 重和谐　B. 重伦理　C. 重民本

D. 重爱国　E. 重自强

2. 社会主义核心价值观的基本特征，包括社会主义核心价值观的(　　)。

A. 包容性、民族性　B. 引领性、崇高性

C. 时代性、传统性　D. 和谐性、传统性

3. 在社会主义核心价值观的“三个倡导”中，下列哪些属于国家层面的价值目标(　　)。

A. 富强　B. 民主　C. 和谐　D. 平等

4. 在社会主义核心价值观的“三个倡导”中，下列哪些属于社会层面的价值目标(　　)。

A. 自由　B. 平等　C. 公正　D. 法治

5. 在社会主义核心价值观的“三个倡导”中，下列哪些属于个人层面的价值目标(　　)。

A. 爱国　B. 敬业　C. 诚信　D. 友善

6. 以爱国主义为核心的民族精神具有重大的现实意义和时代价值。弘扬以爱国主义为核心的民族精神(　　)。

A. 是提高全民族素质的基础工程

B. 是引导人们树立正确理想、信念、人生观、价值观的共同基础

C. 是构建和谐社会的精神支撑

D. 是加强诚信建设的重要任务

7. 公民道德建设的主要内容和基本要求包括(　　)。

A. 社会公德　　B. 职业道德　　C. 家庭美德　　D. 个人品德

8. 党的十八大号召全党要坚定中国特色社会主义的“三个自信”。这“三个自信”具体是指(　　)。

A. 思想自信、方向自信、制度自信

B. 思想自信、道路自信、政策自信

C. 理论自信、方向自信、政策自信

D. 道路自信、理论自信、制度自信

9. 如今，人们发现了越来越多的“感动”，邂逅了越来越多的“最美”——“最美教师”、“最美妈妈”、“最美司机”、“最美交警”，这些美丽的“感动”(　　)。

A. 弘扬了中华民族的优良传统

B. 增强了中华民族的凝聚力

C. 表明了我国已取得巨大的经济成就

D. 是全面建成小康社会的精神力量

10. 改革开放的中国是世界上最大的梦工厂。今天，民族复兴的中国梦仍在继续，下列哪些梦是在改革开放后变为现实的(　　)。

A. 民族独立梦　B. 两弹一星梦　C. 奥运世博梦　D. 航天潜海梦

四、实践教学应注意的问题

1. 对人的本质的思考，是一个古老且具魅力的话题。在实践教学过程中，对不同观点的解析，使学生对这个问题的探索有了一个清晰的认识，把学生带入到了更深入思考之中，提高了学生的哲学思辨能力；使学生深刻领悟马克思主义的科学论断：“人的本质并不是单个人所固有的抽象物。在其现实性上，它是一切社会关系的总和。”

2. 大学时代是大学生形成系统的人生观和价值观的关键时期。实践教学过程，应让学生不仅从道理上理解树立正确的人生观和价值观的重要意义，而且使学生从感情上真切地体会到为人民服务的人生观与劳动和奉献的价值观才是最有价值的选择，努力在实践中创造有价值的人生。

3. 按照“认识——学习——践行”三个环节，引导学生掌握社会主义核心价值观的内涵，明确社会主义核心价值观的意义，增强辨别是非善恶的能力，努力成为社会主义核心价值观的积极宣传者和忠实践行者。

专题五　把握人生环境　促进社会和谐

一、知识点

1. 人生环境。
2. 促进自我身心的和谐。
3. 促进个人与他人的和谐。
4. 促进个人与社会的和谐。
5. 促进人与自然的和谐。

二、实践教学目的和要求

人总是在一定的环境中生存，环境对人的发展有着重要影响，人生价值能否实现以及实现的程度，与如何对待人生环境有很大的关系。

本专题实践教学，旨在帮助大学生正确认识和科学对待人生环境，促进自我身心的和谐、个人与他人的和谐、个人与社会的和谐、人与自然的和谐，为构建和谐社会而努力。

三、实践教学方案

【方案1】心理健康测试

人的健康包括身体健康和心理健康两个方面。在讲授“促进自我身心的和谐”时，组织学生进行心理健康测试，帮助学生了解自我心理状态，主动学习相关知识，掌握应对心理问题的科学方法，从而提高心理素质，保持心理健康。

【资料】测试题

（以下40道题，如果感到“常常是”，画√号；“偶尔”是，画△号；“完全没有”，画×号）

1. 不知为什么总觉得心慌意乱，坐立不安。

2. 上床后，怎么也睡不着，即使睡着也容易惊醒。
3. 经常做噩梦，惊恐不安，早晨醒来就感到倦怠无力、焦虑烦躁。
4. 经常早醒 1~2 小时，醒后很难再入睡。
5. 学习的压力常使自己感到非常烦躁，讨厌学习。
6. 读书看报甚至在课堂上也不能专心志致，往往自己也搞不清在想什么。
7. 遇到不称心的事情便较长时间地沉默少言。
8. 感到很多事情不称心，无端发火。
9. 哪怕是一件小事情，也总是很放不开，整日思索。
10. 感到现实生活中没有什么事情能引起自己的兴趣，郁郁寡欢。
11. 老师讲课，常常听不懂，有时懂得快忘得也快。
12. 遇到问题常常举棋不定，迟疑再三。
13. 经常与人争吵发火，过后又后悔不已。
14. 经常追悔自己做过的事，有负疚感。
15. 一遇到考试，即使有准备也紧张焦虑。
16. 一遇挫折，便心灰意冷，丧失信心。
17. 非常害怕失败，行动前总是提心吊胆，畏首畏尾。
18. 感情脆弱，稍不顺心，就暗自流泪。
19. 自己瞧不起自己，觉得别人总在嘲笑自己。
20. 喜欢跟自己年幼或能力不如自己的人一起玩或比赛。
21. 感到没有人理解自己，烦闷时别人很难使自己高兴。
22. 发现别人在窃窃私语，便怀疑是在背后议论自己。
23. 对别人取得的成绩和荣誉常常表示怀疑，甚至嫉妒。
24. 缺乏安全感，总觉得别人要加害自己。
25. 参加春游等集体活动时，总有孤独感。
26. 害怕见陌生人，人多时说话就脸红。
27. 在黑夜行走或独自在家有恐惧感。
28. 一旦离开父母，心里就不踏实。
29. 经常怀疑自己接触的东西不干净，反复洗手或换衣服，对清洁极端注意。
30. 担心是否锁门和可能着火，反复检查，经常躺在床上又起来确认，或刚一出门又返回检查。
31. 站在经常有人自杀的场所、悬崖边、大厦顶、阳台上，有摇摇晃晃要掉下去的感觉。
32. 对他人的疾病非常敏感，经常打听，生怕自己也身患同病。
33. 对特定的事物、交通工具(电车、公共汽车等)、尖状物及白色墙壁等稍微奇怪的东西有恐惧倾向。

34. 经常怀疑自己发育不良。
35. 一旦与异性接触就脸红心慌或想入非非。
36. 对某个异性伙伴的每一个细微行为都很注意。
37. 怀疑自己患了癌症等严重不治之症，反复看医书或去医院检查。
38. 经常无端头痛，并依赖止痛或镇静药。
39. 经常有离家出走或脱离集体的想法。
40. 感到内心痛苦无法解脱，只能自伤或自杀。

测评方法：√得 2 分，△得 1 分，×得 0 分。

评价参考：

1. 0~8 分。心理非常健康，请你放心。
2. 9~16 分。大致还属于健康的范围，但应有所注意，也可以找老师或同学聊聊。
3. 17~30 分。你在心理方面有了一些障碍，应采取适当的方法进行调适，或找心理辅导老师帮助你。
4. 31~40 分。是黄牌警告，有可能患了某些心理疾病，应找专门的心理医生进行检查治疗。
5. 41 分以上。有较严重的心理障碍，应及时找专门的心理医生治疗。

【方案 2】心理健康讲座

为做好大学生心理健康教育工作，加强学生对心理健康问题的认识和重视，组织以“身心健康，你我同行”为主题的大学生心理健康知识讲座，使学生了解心理健康的基本知识，在一定程度上帮助学生解决生活、学习等方面的困惑。

主讲人：社会心理学专家和学校心理辅导老师

讲座内容：

1. 大学生心理健康的标准；
2. 大学生常见的心理问题、其产生的原因及保持心理健康的方法；
3. 现场心理咨询；
4. 观看《心理访谈》：大学生的人际关系、走出抑郁；
5. 大学生心理健康教育案例分析。

【方案 3】主题讨论

个人与他人的关系是每个人都必须面对的，是人与社会关系的直接而具体的体现。在讲授“促进个人与他人和谐”这一问题时，结合《“好老人”韩健　宽容谅解肇事女孩　让不幸“事故”变动人“故事”》事例，围绕人际交往中的原则问题展开讨论，以期帮助学生建立良好的人际关系，促进个人与他人的和谐。

【资料】“好老人”韩健　宽容谅解肇事女孩　让不幸“事故”变动人“故事”

2014 年初，家住河北燕郊的退休老教授韩健不幸被打工女孩石芳丽骑车严重撞伤。发生事故后老人面对把自己送入医院的石芳丽，第一反应就是叫儿子“不要为难她”，而后，宽容友善的老教授韩健和他的家人在病床前开了“家庭会议”，决定不向石芳丽索要任何赔偿，而后还主动帮助石芳丽找到了一份薪资不菲的新工作。2014 年 11 月，韩健荣登“中国好人榜”。

1. 老人被撞重伤　却嘱咐儿子“别为难人家”

2014 年 2 月 13 日早上，他骑自行车准备回家，突然，一辆电动车从他的侧后方猛撞了过来。韩健一下子栽倒在地，失去了知觉。几分钟后，他苏醒过来，睁开眼一看，一个女孩正托着自己的头大声呼救。他问女孩：“我怎么了?”女孩说：“我把你撞了!”

因为倒地时，头部撞到了马路边的石台上，韩健的脸部右侧大量出血，并且呼吸困难。周围的行人帮忙拨打了 120，几分钟后，救护车赶到，女孩把老人送进医院。韩健的儿子韩雪峰在得知父亲出车祸后，第一时间赶到医院。到了医院后，他有些生气地向周围询问：“谁撞的?”看到韩雪峰生气的脸色，听见儿子说话有些冲，韩健立刻叫住他：“人家撞了我，没逃逸，还帮我呼救，别为难人家了。”

后来，韩健得知肇事的女孩叫石芳丽，来自广西山区。韩健这样对石芳丽说：“你在预感有严重后果的情况下，没有逃逸，全力呼喊救命，为抢救赢得时间，我要感谢你，你也不是有意的，我不埋怨你，不要有过多的顾虑，既然已经发生了，就要面对现实，争取最好的结果。”

2.“事故”成暖心“故事”　老人不追责还帮女孩找工作

经医生诊断，韩健身体左侧第二根至第六根肋骨骨折，下颌开放伤，缝合 11 针，并伴有轻微脑震荡。在韩健住院期间，石芳丽常去看望他，并表示愿意陪护。韩健却劝她回去上班：“你不要心里过不去，你挣钱也不容易，不要影响工作，这里有我的亲属。”让老人和家人没想到的是，石芳丽带着自己为数不多的工资来到医院，哭着说一定要承担责任，陪护韩健，并执意要将工资给韩健治病，韩健拒绝了。

几天的接触，也让韩健一家人对石芳丽的家庭有了更多了解：石芳丽的父亲在燕郊打零工，母亲在超市里做保洁员，在老家还有一个弟弟跟着奶奶一起过。虽然石芳丽的成绩可以考上三本，但因家庭经济困难，她才决定跟父母一起打工。于是就在病房里，韩健召集开了一次“家庭会议”，提出不向石芳丽进行任何索赔：“她是一个淳朴的孩子，不是故意撞我的，事后不但没有逃逸，还及时施救，我不怪她。”这个决定得到了全家的支持，全家人都同意不再向石芳丽追责和索赔。

韩健出院后，石芳丽请求到韩健家继续陪护老人。一天，韩健看到每天守在身边的石芳丽情绪低落，一番追问，才得知由于石芳丽这些天经常请假，她在服装店每月1200元的工作丢了。了解到这个情况，韩健让儿子韩雪峰在朋友圈里发了一条求职信息。很快，一个在高尔夫球场工作的朋友表示，愿意提供一个球场球童的职位，月薪4000元。石芳丽开始时都不敢相信。“亲朋好友都说，我真是遇上好心人了！”石芳丽除了感动还是感动。

现在，韩健和石芳丽很像爷孙俩。韩健曾鼓励她说：“你这年龄正是求学的好时期，为了生活，过早出来打工，即使不能入学，也不能自暴自弃，要自强、自信，要有高的人生目标追求，使自己通过各种途径成才，为社会作出更大的贡献。”

3. 美好结局爱心延续　撞出来的帮扶基金

当初为方便照顾父亲，也因为自己供职的医院对职工家属有费用减免的规定，韩雪峰把父亲转进了自己供职的京东中美医院。院长郭华伟听说了这件事后，当即讨论要在医院设立一项“帮扶”基金。2014年2月26日，该医院正式作出决定，今后将对因意外事故导致的身体伤害者进行救治，同时酌情减免医疗费用。肇事方如确为经济困难者，经相关部门认定并出具证明后，可被列为帮扶对象。

郭华伟说，因人与人之间缺乏信任，老人摔倒后无人扶，甚至肇事逃逸时有发生。而在这起交通事故中，因为肇事者的勇于承担，伤者的宽容友善，这个意外事故有了一个温馨美好的结局。

与人为善，善莫大焉。从恕以待人的老爷子开始，经过一番良性互动，一起交通事故迅速成为人人传颂的美谈。

点评：

在这起交通事故中，退休老教授韩健以宽容为怀的友善之举，回应不小心骑车撞了自己的打工女孩石芳丽。他们之间发生的诚信与友善的故事，让这起交通事故有了一个令人意想不到的美好结局。

如今，面对“扶不扶”的问题，很多人都会有一丝犹豫与考量，或许只是害怕惹上麻烦。如果多一些韩大爷这样的人，也许这就不是问题，也许就会少很多遗憾了。你秉持善意扶一把，而我也回之以善意，在这样的善意互动中，洋溢的是友善之风。人间有一种感情叫良心互动，你尊我，我敬你，互相体谅、宽容、温暖。道德从来都不应该是一种单向的风范，人与人之间的正能量是互相激发的，一个温暖的回应，会让善良者心情愉悦、快乐倍增。

这恐怕就是大爱之道。(资料来源：中国文明网)

【方案4】热点透视——由“好羊倌”小人物，看社会大问题

个人与社会不可分离，社会是个人生存和发展的基础，个人是构成社会的前提。在讲授促进个人与社会的和谐这一问题时，结合《“好羊倌”卢伟　冒死拦停疾驰列车保财产“咱干这事儿不冲钱”》这一事例进行分析，使学生科学地把握个体性与社会性、个人需要与社会需要、个人利益与社会利益、享受个人权利与承担社会责任的统一关系，实现个人与社会的和谐发展。

【资料】“好羊倌”卢伟 冒死拦停疾驰列车保财产 “咱干这事儿不冲钱”

2014年7月15日，河北省涞源县山区突降暴雨，泥石流淹没了京原铁路王安镇段。当时，一列油罐车正由西向东急速开来，危险即将发生。情急之下，正在放羊的卢伟丢下避雨的羊群，不顾自身安危，朝火车狂奔，并站在铁轨中央，打出“紧急停车”手势，冒死拦车，火车最终安全避险。卢伟的壮举避免了一场特大事故。据一位目击者说，火车最终停下的地点距离塌方地点只有10米，而且是停在被当地村民称为“五十亩地”的桥上，桥下就是拒马河。北京铁路局丰台工务段王安镇线路车间主任孙波说，一旦这列油罐车撞上泥石流，极有可能出轨，甚至翻下大桥，后果不堪设想。

谈起他的“壮举”，卢伟这位朴实的庄稼汉子露出腼腆的微笑。他说：“2012年‘7·21’特大洪灾时，家里的地全都被淹了，房子也没法住了，是党和政府给我们送来了吃的、喝的、盖的。灾后重建时，还补贴钱帮我们盖了新房子。这次有这么个机会，我就是要回报社会。”

“我就是要回报社会。”这话说得真好，我相信“冒死拦火车”的卢伟这不是在作秀。其实，认真说起来，我们每一个人都应该从内心里树立这种理念。

一个人的成长离不开社会。一个人从呱呱坠地到牙牙学语、蹒跚学步，父母要付出无数心血；从小学到中学及至大学，多少位老师像辛勤的园丁在三尺讲台上传道授业解惑；参加工作后，又有多少老同志、领导在帮助你指导你，使得你终于成熟起来；当你遇到这样那样的不顺和坎坷时，又会有多少朋友为你分担忧愁，给你雪中送炭，让你走出心理的阴霾。如果你今天是一名领导干部，或是一名有所成就的知识分子或一个领域的专家，除了自己的努力，更离不开组织上、社会上各方面的长期培养和鼎力支持。至于有的人，认为自己天份特别高，本事大得很，一路下来天马行空，我们只能说，这是无知加狂妄。也敢断言，如此之人其行不会太远，最终只会走进孤独落寞。

要诚心诚意回报社会。有道是：滴水之恩，当涌泉相报。这是我们中华民族的传统美德，值得我们继承和发扬光大。卢伟很朴实，可以说是勤劳善良的中国农民的一位代表，也可以说是淳朴仗义的河北人的一个代表。当我们看到央视等媒体关于他的报道时，被深深地感动，被强烈地震撼。我们向他学习，思考一下他的“回报社会”观很重要。回报社会，要说难以遇到特别重大的机会，或说很难做出惊天动地的壮举的话，我想，对普通人来讲，最重要的是要对父母、对他人、对朋友、对组织、对社会，深怀感恩之心，努力加以回报。当陌生的路人遇到麻烦求助时，要尽力相帮，我们的一句话，些许付出，就可能解了他的难题；邻居家人突然生病，大家齐心协力，就会让病人得到及时救治；同事有了过不去的事情，众手相扶，就能让他走过坎坷；在工作单位里，大家是一个命运共同体，要有点吃苦精神和奉献精神，一事当前，多为他人和集体着想；而当国家有难，作为承受祖国母亲万千恩惠的儿女，我们则当万众一心，精忠报国，为她献上一切也在所不惜。（资料来源：河北文明网）

【方案5】“珍爱自然　保护地球”主题系列活动

人来源于自然界又依存于自然界，人永远是自然界的有机组成部分。在讲授“促进人与自然的和谐”时，组织学生开展以“珍爱自然、保护地球”为主题的系列活动，引导学生正确认识人与自然的关系，科学把握人对自然的改造活动，自觉树立珍爱自然、保护环境的意识，促进人与自然和谐发展。

【活动一】观看视频《人与自然》2015年合辑，首播频道：CCTV-1

《人与自然》开播于1994年5月11日，栏目宗旨——“讴歌生命，关注环境”——栏目介绍动植物和自然知识以及探索人与自然之间的相互影响，相互作用，探讨社会、经济、生态协调发展和可持续发展的有效途径。

【活动二】学习“地球日”相关小知识

【资料1】地球日的由来

世界地球日活动起源于美国。1969年，美国民主党参议员盖洛德·尼尔森提议，在全国各大学校园内举办环保问题讲演会。时年25岁的哈佛大学法学院学生丹尼斯·海斯很快就将尼尔森的提议变成了一个在全美各地展开大规模社区性活动的具体构想，并得到很多青年学生的积极响应。1970年4月22日，美国举行了声势浩大的“地球日”活动，数十万群众参与集会，呼吁创造一个清洁、简单、和平的生活环境。

作为现代环保运动的开端，“地球日”活动推动了多个国家环境法规的建立。1990年4月22日，全球140多个国家、2亿多人同时在世界各地举行形式多样的环境保护宣传活动，呼吁改善全球整体环境。这项活动得到了联合国的肯定。此后，每年的4月22日被确定为“世界地球日”。

目前，世界环境问题越发突出，水土流失、土地沙漠化、淡水资源污染等严重地影响了人类社会的生活。此外，随着全球工业的不断发展，二氧化碳的过量排放使大气中温室气体的浓度不断增加，致使地球生命的“保护伞”——大气臭氧层遭到破坏，由此带来的全球气候异常变化正在成为直接威胁人类生存的世界性问题。

举办“世界地球日”活动的宗旨是为了唤起人类爱护地球、保护家园的意识，促进资源开发与环境保护的协调发展。虽然每年的“世界地球日”没有统一的特定主题，但“只有一个地球”始终是它的总主题。为了更好地保护地球，2005 年 11 月 22 日，第 60 届联合国大会通过决议，将 2008 年定为“国际地球年”。

从 20 世纪 90 年代起，中国在每年的 4 月 22 日都举办“世界地球日”宣传活动，并根据当年的情况确定活动主题。2008 年，中国确定的“世界地球日”主题与“国际地球年”中国行动的宣传口号一样，即“认识地球，和谐发展”。其目的是向社会公众普及地学知识，加强全社会对地学的认识和有效利用，提高公众对资源国情的认识，实现人与自然和谐发展。(资料来源：新华网 2014 年 4 月 22 日)

【资料 2】历年地球日主题

2015 年　珍惜地球资源　转变发展方式——提高资源利用效益

2014 年　珍惜地球资源，转变发展方式——节约集约利用国土资源共同保护自然生态空间

2013 年　珍惜地球资源转变发展方式——促进生态文明，共建美丽中国

2012 年　珍惜地球资源转变发展方式——推进找矿突破，保障科学发展

2011 年　珍惜地球资源转变发展方式——倡导低碳生活

2010 年　低碳经济绿色发展

2009 年　绿色世纪(GreenGeneration)

2008 年　善待地球——从身边的小事做起

2007 年　善待地球——从节约资源做起

2006 年　善待地球——珍惜资源，持续发展

2005 年　善待地球——科学发展，构建和谐

2004 年　善待地球，科学发展

2003 年　善待地球，保护环境

2002 年　让地球充满生机

2001 年　世间万物，生命之网

2000 年　2000 环境千年——行动起来吧！

1999 年　拯救地球，就是拯救未来

1998 年　为了地球上的生命——拯救我们的海洋

1997 年　为了地球上的生命

1996 年　我们的地球、居住地、家园

1995 年　各国人民联合起来，创造更加美好的世界

1994 年　一个地球，一个家庭

1993 年　贫穷与环境——摆脱恶性循环

1992 年　只有一个地球——一齐关心，共同分享

1991 年　气候变化——需要全球合作

1990 年　儿童与环境

1989 年　警惕，全球变暖！

1988 年　保护环境、持续发展、公众参与

1987 年　环境与居住

1986 年　环境与和平

1985 年　青年、人口、环境

1984 年　沙漠化

1983 年　管理和处置有害废弃物；防治酸雨破坏和提高能源利用率

1982 年　纪念斯德哥尔摩人类环境会议 10 周年——提高环境意识

1981 年　保护地下水和人类食物链；防治有毒化学品污染

1980 年　新的 10 年，新的挑战——没有破坏的发展

1979 年　为了儿童和未来——没有破坏的发展

1978 年　没有破坏的发展

1977 年　关注臭氧层破坏、水土流失、土壤退化和滥伐森林

1976 年　水：生命的重要源泉

1975 年　人类居住

1974 年　只有一个地球

【活动三】主题演讲——珍爱自然、保护地球

在观看视频《人与自然》、学习“地球日”相关小知识的基础上，组织开展以“珍爱自然、保护地球”为主题的演讲活动。通过此项活动，使学生自觉树立珍爱自然、保护环境的意识，促进人与自然和谐发展。

【方案 6】社会实践——携手节能低碳，共建碧水蓝天

美丽中国是中国梦的重要组成部分。在讲授“促进人与自然的和谐”时，组织学生开展“地球一小时”、“节能减排”社会实践活动，使学生进一步了解雾霾成因及防范措施，从小事做起，从自身做起，增强低碳环保意识，促进人与自然和谐发展。

【资料 1】地球一小时活动小知识

“地球 1 小时”是世界自然基金会在 2007 年向全球发出的一项倡议，呼吁个人、社区、企业和政府在每年 3 月的最后一个星期六熄灯 1 小时，以此来激发人们对保护地球的责任感，以及对气候变化等环境问题的思考，表明对全球共同抵御气

候变暖行动的支持。

从2012年起，每年确定一个主题：

2012年3月31日消息　WWF（世界自然基金会）宣布启动2012年“地球一小时”的广告宣传，其主题是“每个人心中都有位环保家”。该宣传旨在帮助实现“地球一小时”活动目标，即鼓励个人、企业和政府在日常活动中至少做出一个环保改变。2012年，中国内地共有124个城市加入到活动中。

2013年，因为西方复活节的缘故，2013年的“地球一小时”活动提前到2013年3月23日。2013年，中国内地共有127个城市加入到活动中。主题：我做绿V客，“环保七选一，每周一起来”。

除往年的“熄灯”外，推出了新的传统：希望市民在每周选择自己最喜欢的一个行动，并在每周的这一天实施相应的环保改变，成为“绿V客”：

星期一：多吃菜；

星期二：环保袋；

星期三：不开车；

星期四：自带筷；

星期五：不剩饭；

星期六：爱动物说出来；

星期日：走进户外放弃宅。

2014年的地球一小时熄灯活动定于3月29日（星期六）晚8：30举行。主题定为蓝天自造，是为了呼应当前中国最急迫、最受关注的环境议题——雾霾。地球一小时WWF中国总干事卢思骋说，“蓝天自造，旨在呼吁每一位公民、每一家企业、每一级政府从自身开始，采取实际行动，应对雾霾，清洁空气”。

【资料2】2015地球一小时

科技日报讯　（胡利娟）近日，“能见蔚蓝”作为2015地球一小时中国区的主题在北京揭晓，由此正式拉开了今年地球一小时的序幕。

为响应全球应对气候变化的主题，由世界自然基金会发起的此项活动，将于3月28日晚上20：30举行。

“能见蔚蓝，代表了我们的建议和对未来的期待。”该基金会中国总干事卢思骋介绍说。“能”，意味着可再生能源能够带来改变，“蔚蓝”代表每个人对告别雾霾、寻回蓝天的期待。今年的地球一小时将致力于推动可再生能源的主流化应用。

目前，石化能源的过度使用，是中国局部地区空气污染的罪魁祸首，也是导致全球气候变化最主要的原因。据第五次气候变化评估综合报告显示，温室气体排放以及其他人类活动是自20世纪中期以来观测到的气候变暖的主要原因，二氧化碳浓度已升至过去80万年以来前所未有的水平，而使用石化燃料是二氧化碳主要来源之一。

卢思骋认为，为治理雾霾，能源转型已刻不容缓，推动可再生能源主流化应用与发展，改善空气状况、扭转气候变化，需要每个公民、每家企业、各级政府众志成城，尽我所能，守护蓝天。（资料来源：《科技日报》2015 年 2 月 26 日）

【资料 3】节能低碳日常生活小常识

1. 每天的淘米水可以用来洗手擦家具，干净卫生，自然滋润；

2. 将废旧报纸铺垫在衣橱的最底层，不仅可以吸潮，还能吸收衣柜中的异味；

3. 用过的面膜纸也不要扔掉，用它来擦首饰、擦家具的表面或者擦皮带，不仅擦得亮还能留下面膜纸的香气；

4. 喝过的茶叶渣，把它晒干，做一个茶叶枕头，又舒适，还能帮助改善睡眠；

5. 出门购物，自己带环保袋，无论是免费或者收费的塑料袋，都减少使用；

6. 出门自带喝水杯，减少使用一次性杯子；

7. 多用永久性的筷子、饭盒，尽量避免使用一次性的餐具；

8. 养成随手关闭电器电源的习惯，避免浪费用电；

9. 如果堵车的队伍太长，还是先熄了火，安心等会儿吧；

10. 定期检查轮胎气压，气量过低或过足都会增加油耗；

11. 定期清洗空调，不仅为了健康，还可以省不少电；空调开启几小时后关闭，马上开电风扇。晚上用这个方法，可以不用整夜开空调，省电近 50%。将空调设置在除湿模式工作，此时即使室温稍高也能令人感觉凉爽，且比制冷模式省电；

12. 一般的车用 93 号油就够了，盲目使用 97 号油可能既费油，还伤发动机；

13. 跟老司机学习如何省油：少用急刹，把油门松了，靠惯性前行；

14. 勤俭节约是优良传统；剩菜冷却后，用保鲜膜包好再送进冰箱；热气不仅增加冰箱做功，还会结霜，双重费电；

15. 洗衣粉出泡多少与洗净能力之间无必然联系，而低泡洗衣粉可以比高泡洗衣粉少漂洗几次，省水省电省时间；

16. 洗衣机开强档比开弱档更省电，还能延长机器寿命；

17. 电视机在待机状态下耗电量一般为其开机率的 10%左右，这笔账算起来还真不太小；

18. 如果只用电脑听音乐，显示器可以调暗，或者干脆关掉；

19. 如果热水用得多，不妨让热水器始终通电保温，因为保温一天所用的电，比一箱凉水烧到相同温度要低；

20. 可以把马桶水箱里德浮球调低 2 厘米，一年可以省下 4 立方水；

21. 冰箱内存放食物的量以占容积的 80%为宜，放得过多或过少，都费电；

22. 衣服多选棉质、亚麻和丝绸，不仅环保、时尚，而且优雅耐穿；

23. 短时间不用电脑时，启用电脑的“睡眠”模式，能耗可下降到50%以下；关掉不用的程序和音箱、打印机等外围设备；适当降低显示器的亮度；关闭屏幕保护程序；

24. 燃气用大火比用小火烹调时间短，可以减少热量散失。但也不宜让火超出锅底，以免浪费燃气。烧煮前，先擦干锅外的水滴，能够煮的食物尽量不用蒸的方法烹饪，不易煮烂的食品用高压锅或无油烟不锈钢锅烧煮、加热熟食用微波炉等方法，也都有助于节省燃气。

【资料4】雾霾防范与应对小知识

1. 减少外出：抵抗力弱的老人儿童以及患有呼吸系统疾病的易感人群应尽量减少出门，或减少户外活动，外出时戴口罩防护身体，防止污染物由鼻、口侵入肺部，外出归来后，应立即清洗面部及裸露肌肤。

2. 减少户外锻炼：雾霾天气气压低，能见度低，空气中悬浮大量尘埃等有毒颗粒，患有支气管哮喘、慢性支气管炎、阻塞性肺气肿和慢性阻塞性肺疾病等慢性呼吸道疾病患者，应尽量避免户外锻炼，以免诱发慢性病的发作或加重。

3. 关闭门窗：由于雾霾天气时，空气中的污染物难以消散，在大雾的天气应紧闭门窗，避免室外雾气进入室内污染室内空气，诱发急性呼吸道和心血管疾病。

4. 注意饮食：患有慢性呼吸道疾病患者，尤其是老年人要保持科学的生活规律，避免过度劳累，多饮水。要注意饮食清淡，少食刺激性食物，多吃些豆腐、牛奶等食品，必要时要补充维生素D。

“雾霾天气”对人体健康、城市环境均造成了不同程度的影响。雾霾天气容易诱发鼻炎、支气管炎、哮喘等，也影响城市景观，容易诱发交通事故。在雾霾天气，市民应减少户外活动，少去空气混浊的地方。如果不得不出门，要戴口罩。

四、实践教学中应注意的问题

1. 世界卫生组织宪章中把健康定义为：“健康乃是一种生理、心理和社会适应都臻完满(well-being)的状态，而不仅仅是没有疾病和虚弱的状态。”这表明，只注意生理健康是不够的，还必须注重心理健康，这样才能增强身心适应能力。实践教学中引导学生了解心理健康基本知识，掌握应对心理问题的科学方法，促进自我身心的和谐。

2. 每个人在社会生活中都要与他人打交道，与他人结成各种各样的关系。明确个人在与他人关系中的定位，促进个人与他人的和谐，才能为人生价值的实现创造良好的人际环境。实践教学中引导学生明确人际交往应遵循的原则，正确处理竞争与合作的关系。

3. 人是社会的人，处于一定的社会关系之中，在社会中获得生存和发展的条件。引导学生认识人的个体性与社会性的辩证统一，在社会关系中寻找实现自身价值的途径。

4. 人来源于自然界又依存于自然界，人永远是自然界的有机组成部分。注意引导学生正确认识人与自然的关系，树立人与自然和谐相处的理念，为实现美丽中国梦而努力。

专题六 | 大学之道　在明明德

一、知识点

1. 道德的起源与本质。
2. 道德的历史发展。
3. 道德的功能与作用。
4. 中华民族优良道德传统的主要内容。
5. 社会主义道德建设与社会主义市场经济的关系。
6. 社会主义道德建设的核心和原则。
7. 我国公民基本道德规范。
8. 树立和践行社会主义荣辱观。

二、实践教学的目的和要求

道德是人们日常生活的内在规范，是人们在长期社会发展过程中逐渐形成的为人处世的基本标准。正确理解和认识社会道德规范，切实践行社会道德规范，是每个公民应有的责任。

本专题实践教学，旨在通过生动具体的实践活动，使学生了解道德的起源和本质，把握道德的功能和作用；了解中华民族优良道德传统的内容，批判道德建设中的错误思潮；认识社会主义道德建设与社会主义市场经济的关系；把握为人民服务是社会主义道德的核心，集体主义是社会主义道德的基本原则；掌握公民基本道德规范和社会主义荣辱观的内涵，加强诚信道德建设，努力提高道德修养的自觉性，形成良好的道德品质。

三、实践教学方案

【方案1】专题讨论——道德的起源

在讲授“道德的起源”时，由“猴子版的道德起源”导入相关理论学习，并结合中外思想家关于“道德起源”的不同观点开展讨论，使学生更加深刻的理解马克思主义关于“道德的起源”的有关论述。

【资料 1】猴子版的道德起源

把五只猴子关在一个笼子里，上头有一串香蕉，实验人员装了一个自动装置，一旦侦测到有猴子要去拿香蕉，马上就会有水喷向笼子而这五只猴子都会一身湿。首先有只猴子想去拿香蕉，当然，结果就是笼子里的每只猴子都淋湿了，之后每只猴子在几次的尝试后，发现莫不如此，于是猴子们达成一个共识：不要去拿香蕉，以避免被水喷到。后来实验人员把其中的一只猴子释放，换进去一只新猴子 A，猴子 A 看到香蕉，马上想要去拿，结果，被其他四只猴子狠打了一顿，因为其他四只猴子认为猴子 A 会害他们被水淋到，所以制止他去拿香蕉，A 尝试了几次，虽被打得满头包，依然没有拿到香蕉，当然，这五只猴子也就没有被水喷到。后来实验人员再把一只旧猴子释放，换上另外一只新猴子 B，猴子 B 看到香蕉，也是迫不及待要去拿。当然，一如刚才所发生的情形，其他四只猴子又打了 B 一顿，而那只曾被打的猴子 A 打得最用力。猴子 B 试了几次总是被打得很惨，只好作罢，后来慢慢的一只一只的，所有的旧猴子都换成新猴子了，大家都不敢去动那香蕉，但是他们都不知道为什么，只知道去动香蕉会被打。这就是道德的起源。

【资料 2】道德的起源

1. 中西方思想家的观点

(1)神启论——道德起源于“神”的意志或“上帝”的启示

孔子：天生德于予。

董仲舒：王道之三纲可求于天，道之大源出于天。

柏拉图：道德是“神的意志决定的”，是神把“善的理念”放进人的灵魂的结果，由于人的灵魂不同，才产生了不同等级的德性。

基督教的“摩西十戒”(孝敬父母，不杀人，不奸淫，不偷盗，不作假证陷害他人，不贪不义之财等)

佛教“五戒”(不杀生，不偷盗，不邪淫，不妄语，不饮酒)

(2)天赋论——道德根源于人类的“天性”或自然本性

孟子：人之初，性本善。人有四端之心——“恻隐之心”；“羞恶之心”；“辞让之心”；“是非之心”；“仁义礼智，非由外铄我也，我固有之”。

荀子：人之初，性本恶。

康德：具有普遍道德价值的东西来自人的理性本身的善良意志，道德就是这种善良意志所发出的绝对命令。

(3)情感欲望论——道德起源于人所固有的情感

爱尔维修：人是有感觉的动物，人的本性就是趋乐避苦，就是自利、自爱，也就是追求个人的利益和幸福，这是一切道德的根源。

卢梭：道德源于人心中的社会情感和利他之心，源于对公共利益的追求。

大卫·休谟：道德起源于人所固有的推己及人的同情心。

(4)动物本能论——道德观念起源于动物的“社会”意识或互助性。

达尔文：道德起源于群居性动物的社会性本能。道德不是人所独有的，一切群居性动物都有道德感。

2. 马克思主义道德起源说

“一切以往的道德论归根到底都是当时社会经济状况的产物。而社会直到现在还是在阶级对立中运动的，所以道德始终是阶级的道德。”(马恩选集第3卷，第134页)

【方案2】弘扬民族文化，传承中华美德主题系列活动

中华民族有五千多年文明史，与之相应的是源远流长、博大精深的民族文化和道德传统。在讲授“继承和弘扬中华民族优良道德传统”相关内容时，开展“弘扬民族文化，传承中华美德”为主题的系列实践活动，引导学生加深对中华民族优秀传统文化和传统美德的了解，提高民族自尊心和自信心，增强民族自豪感和责任感。

【活动一】诵中华诗文，传华夏美德——经典诗文诵读

组织开展以“诵中华诗文，传华夏美德”为主题的传统经典诗文诵读，让学生充分感受传统文化的熏陶和滋养，了解传统文化和中华美德的精髓，提升文学素养和道德修养。

【资料】经典诗文朗诵大赛推荐诵读篇目

(一)四书五经(共30篇)	
1.《大学》(第1章)	2.《中庸》(第4、20、22章)
3.《论语》(10篇) (1)《学而·学而时习之》(第1、4、6、14、15、16章)	(2)《为政·为政以德》(第1、4、11、15、17、19、20章)
(3)《里仁·里仁为美》(第1、5、8、9、10、14、24、25章)	(4)《雍也·乐水乐山》(第18、20、23、30章)
(5)《述而·志于道》(第3、6、8、12、16、22、34、37章)	(6)《泰伯·任重道远》(第5、7、10章)

续表

(7)《子罕·仁者不忧》(第4、17、18、19、23、28、29章)	(8)《颜渊·成人之美》(第4、16、19、22、24章)
(9)《子路·和而不同》(第6、16、19、21、24、26、27章)	(10)《宪问·修己以安百姓》(第2、3、4、24、27、28、30、34、35、42章)
4.《孟子》(6篇) (1)《公孙丑上·论浩然之气》(第2、6章)	(2)《滕文公下·富贵不能淫》(第2章)
(3)《离数上·得民心者得天下》(第9、10章)	(4)《告子上·舍生取义》(第8、10章)
(5)《尽心上·登泰山而小天下》(第14、19、24章)	(6)《尽心下·尽信(书)不如无(书)》(第3、31章)
5.《周易·泰》	6.《尚书·盘庚上》
7.《诗经》(5篇)	(1)《关雎》《子矜》《鸡鸣》《伐檀》《硕鼠》
8.《礼记》(3篇)	(1)《苛政猛于虎也》
(2)《不食嗟来之食》	(3)《学记·教学为先》
9.《左传》(2篇)	(1)《曹刿论战》 (2)《烛之武退秦师》
(二)神话故事(4篇)	
1.《精卫填海》(《山海经》)	2.《夸父逐日》(《山海经》)
3.《鲧禹治水》(《山海经》)	4.《女娲补天》(《山海经》)
(三)寓言故事(10篇)	
1.《画蛇添足》(《战国策》)	2.《狐假虎威》(《战国策》)
3.《揠苗助长》(《孟子》)	4.《鹬蚌相争》(《战国策》)
5.《自相矛盾》(《韩非子》)	6.《愚公移山》(《列子》)
7.《螳螂捕蝉》(《说苑》)	8.《买椟还珠》(《韩非子》)
9.《曾子杀猪》(《韩非子》)	10.《朝三暮四》(《庄子》)
(四)爱国治国篇(10篇)	
1.《国殇》(屈原)	2.《谏太宗十思疏》(唐·魏征)
3.《阿房宫赋》(唐·杜牧)	4.《木兰诗》(北朝民族)
5.《岳阳楼记》(宋·范仲淹)	6.《满江红》(宋·岳飞)
7.《正气歌》(宋·文天祥)	8.《少年中国说》(清·梁启超)

续表

9.《前出师表》(诸葛亮)	10.《生于忧患·死于安乐》(孟子)
(五)劝学励志名篇(10篇)	
1.《劝学》(前3节)(荀子)	2.《师说》(韩愈)
3.《孟母戒子》(韩愈)	4.《送东阳马生序》(明·宋濂)
5.《孙权劝学》(司马光)	6.《陋宝铭》(唐·刘禹锡)
7.《爱莲说》(宋·周敦颐)	8.《为学》(清·彭端淑)
9.《卖油翁》(宋·欧阳修)	10.《得道多助　失道寡助》(《孟子》)
(六)经典古诗35篇	
1.《静夜思》(李白)	2.《游子吟》(孟郊)
3.《清明》(杜牧)	4.《送元二使安西》(王维)
5.《九月九日忆山东兄弟》(王维)	6.《送友人》(李白)
7.《送杜少府之任蜀州》(王勃)	8.《水调歌头·明月几时有》(苏轼)
9.《春望》(杜甫)	10.《过零丁洋》(文天祥)
11.《泊秦淮》(杜牧)	12.《题临安邸》(林升)
13.《山坡羊·潼关怀古》(张养浩)	14.《天净沙·秋思》(马致远)
15.《望岳》(杜甫)	16.《观书有感》(朱熹)
17.《元日》(王安石)	18.《雪梅·梅雪争春》(卢梅坡)
19.《山园小梅》(林逋)	20.《乌衣巷》(刘禹锡)
21.《游园不值》(叶绍翁)	22.《登鹳雀楼》(王之涣)
23.《春晓》(孟浩然)	24.《枫桥夜泊》(张继)
25.《饮湖上·初晴后雨》(苏轼)	26.《绝句·两个黄鹂鸣翠柳》(杜甫)
27.《江南春》(杜牧)	28.《春夜喜雨》(杜甫)
29.《初春小雨》(杜甫)	30.《示儿》(陆游)
31.《卖炭翁》(白居易)	32.《望庐山瀑布》(李白)
33.《如梦令》(李清照)	34.《西江月》(辛弃疾)
35.《石壕吏》(杜甫)	

【活动二】一战到底　舍我其谁——传统文化知识问答挑战赛

组织举办“一战到底　舍我其谁”传统文化知识问答挑战赛，让学生充分感受传统文化的丰厚底蕴，自觉弘扬中华美德。

活动规则：

1. 确定参赛人数并随机分组，每组随机编号、号码由选手现场抽取。

2. 设定1号为守擂方。攻擂方由守擂方挑选。

3. 攻、守双方依次答题，先由攻擂方作答。答题人连续作答，在总时间一分钟内，答题多者获胜。答题错误直接淘汰。

4. 每人有一次免答权(直接跳过该题)。本轮答题结束后，免答题目由现场观众抢答，答对即可获得小礼品，答错则继续由其他同学抢答。每道免答题目每个观众只有一次抢答机会。

5. 每组决出最终获胜者进入决赛，决出最终胜利者。

【活动三】专题讨论——如何看待传统道德与现代道德的关系

阅读鲁迅先生的《拿来主义》，开展以“如何看待传统道德与现代道德的关系”为主题的讨论。讨论焦点可以围绕：何为传统、传统的价值、传统的变迁、传统与现代的关系等问题，从而引导大学生用正确的方式对待传统。具体到对待传统道德与传统文化方面，要使学生明确在对待传统道德的问题上，反对两种错误思潮：一种是文化复古主义思潮；另一种是历史虚无主义思潮。正确对待中华民族传统道德，要坚持马克思主义的立场、观点和方法，既不能全盘肯定、全面照搬，也不能全盘否定、全面抛弃，要进行分析、鉴别、取舍与改造。

【资料】鲁迅《拿来主义》内容介绍

中国一向是所谓“闭关主义”，自己不去，别人也不许来。自从给枪炮打破了大门之后，又碰了一串钉子，到现在，成了什么都是“送去主义”了。别的且不说罢，单是学艺上的东西，近来就先送一批古董到巴黎去展览，但终“不知后事如何”；还有几位“大师”们捧着几张古画和新画，在欧洲各国一路的挂过去，叫作“发扬国光”。听说不远还要送梅兰芳博士到苏联去，以催进“象征主义”，此后是顺便到欧洲传道。我在这里不想讨论梅博士演艺和象征主义的关系，总之，活人替代了古董，我敢说，也可以算得显出一点进步了。

但我们没有人根据了“礼尚往来”的仪节，说道：拿来！

当然，能够只是送出去，也不算坏事情，一者见得丰富，二者见得大度。尼采就自诩过他是太阳，光热无穷，只是给予，不想取得。然而尼采究竟不是太阳，他发了疯。中国也不是，虽然有人说，掘起地下的煤来，就足够全世界几百年之用，但是，几百年之后呢？几百年之后，我们当然是化为魂灵，或上天堂，或落了地狱，但我们的子孙是在的，所以还应该给他们留下一点礼品。要不然，则当佳节大典之际，他们拿不出东西来，只好磕头贺喜，讨一点残羹冷炙做奖赏。

这种奖赏，不要误解为“抛来”的东西，这是“抛给”的，说得冠冕些，可以称为“送来”，我在这里不想举出实例。

我在这里也并不想对于“送去”再说什么，否则太不“摩登”了。我只想鼓吹我们再吝啬一点，“送去”之外，还得“拿来”，是为“拿来主义”。

但我们被“送来”的东西吓怕了。先有英国的鸦片，德国的废枪炮，后有法国的香粉，美国的电影，日本的印着“完全国货”的各种小东西。于是连清醒的青年们，也对于洋货产生了恐惧。其实，这正是因为那是“送来”的，而不是“拿来”的缘故。

所以我们要运用脑髓，放出眼光，自己来拿！

譬如罢，我们之中的一个穷青年，因为祖上的阴功(姑且让我这么说说罢)，得了一所大宅子，且不问他是骗来的，抢来的，或合法继承的，或是做了女婿换来的。那么，怎么办呢？我想，首先是不管三七二十一，“拿来”！但是，如果反对这宅子的旧主人，怕给他的东西污染了，徘徊不敢走进门，是孱头；勃然大怒，放一把火烧光，算是保存自己的清白，则是昏蛋。不过因为原是羡慕这宅子的旧主人的，而这回接受一切，欣欣然的蹩进卧室，大吸剩下的鸦片，那当然更是废物。“拿来主义”者是全不这样的。

他占有，挑选。看见鱼翅，并不就抛在路上以显其“平民化”，只要有养料，也和朋友们像萝卜白菜一样的吃掉，只不用它来宴大宾；看见鸦片，也不当众摔在茅厕里，以见其彻底革命，只送到药房里去，以供治病之用，却不弄“出售存膏，售完即止”的玄虚。只有烟枪和烟灯，虽然形式和印度、波斯、阿拉伯的烟具都不同，却可以算是一种国粹，倘使背着周游世界，一定会有人看，但我想，除了送一点进博物馆之外，其余的是大可以毁掉的了。还有一群姨太太，也大可以请她们各自走散为是，要不然，“拿来主义”怕未免有些危机。

总之，我们要拿来。我们要或使用，或存放，或毁灭。那么，主人是新主人，宅子也就会成为新宅子。然而首先要这人沉着，勇猛，有辨别，不自私。没有拿来的，人不能自成为新人，没有拿来的，文艺不能自成为新文艺。

【方案3】热点新闻透视——保定“油条哥”走红的背后

在讲授“社会主义道德建设与社会主义市场经济”时，组织学生观看微电影《油条哥》(以全国道德模范、河北保定“油条哥”刘洪安真实事迹为素材创作)，围绕“油条哥走红的背后”展开讨论。教师点评中，引入三鹿奶粉、地沟油、老酸奶等食品安全事件进行对比，使学生了解市场经济条件下加强思想道德建设和诚信教育的必要性和重要性，引导学生树立集体主义和为人民服务的社会主义道德观，自觉抵制见利忘义、损人利己的歪风邪气，促进和保障市场经济的健康发展。

【资料】河北保定“油条哥”走红的背后

在河北保定，有这样一家油条店铺，尽管每斤的售价比市场价高出一元左右，但每天前来买油条的人还是排起长队，并且每人限购一斤。这并非因为这家的油条炸得有多好，而是因为这个摊点明确表明不使用复炸油。这家店铺的老板就是最近红遍网络的“油条哥”刘洪安。

刘洪安，男，汉族，1980年11月生，河北省保定市“油条哥”餐饮管理有限公司经理。刘洪安从保定市财贸学校毕业后，毅然选择了自主创业之路。他在保定市高开区银杏路开了一间早点铺，使用一级大豆色拉油炸油条，坚持每天一换。因为坚守诚信，他的油条被消费者称为“良心油条”，他被许多人亲切地称为“诚信油条哥”。

2008年，由于长期租住在阴暗潮湿的宿舍里，刘洪安患上了强直性脊柱炎，每日遭受病痛的折磨，生活举步维艰。偏偏此时，他的母亲突发动脉瘤破裂，生命垂危，这一刻他真正体会到了生命脆弱。2010年，病好些后，他和爱人开始经营早餐生意，卖油条和豆腐脑。刚开始炸油条的时候，也重复用油，虽然知道隔夜重炸的油不好，但不知道危害到底有多大。后来，他通过媒体了解到，食用油反复加温会产生大量有害物质，会对人体造成很大危害。由于家人和自己得过重病，深知生命健康的价值，从2010年初开始，他便使用一级大豆色拉油炸油条，而且坚持每天一换。刘洪安的早餐店“刘家豆腐脑”的招牌上，醒目地写着“己所不欲、勿施于人”、“安全用油、杜绝复炸”标语。同时，为向顾客证明自己是用新油，特意贴出鉴别复炸油的方法，并放了一把“验油勺”，供顾客随时检验。自此，刘洪安的“良心油条”生意门庭若市，在保定市引发了一股“做良心餐饮”的热潮。2012年5月11日，《保定晚报》刊登《大学生自谋职业吆喝卖“良心油条”》消息，见报后更多市民前来排队购买良心油条。“油条哥”的视频播发到网络后，引起了多家媒体关注。中央与河北近百家媒体先后进行了报道。刘洪安得到社会各界广泛关注和群众好评，引起了广大网民“热捧”，被网民亲切地称为“油条哥”。

2012年12月底，“油条哥”餐饮管理有限公司在保定正式成立。2013年3月28日，“油条哥”的第一家分店“油条哥仁和店”正式开业，“油条哥”终于迈出了扩大“良心油条”经营规模的实质性一步。

令刘洪安没有想到的是，他的“良心油条”更引发了媒体对整个食品安全、食品行业的反思。

“良心油条”的热销可以用经济规律解释。当所有的商家都突破道德底线的时候，遵从道德规范的经营反而成为稀缺商品。“良心油条”的热销向社会展示了道德的经济价值，证明了道德与经济效益的良性共生。一切经济行为背后均有道德观念和意识起到支配作用，或者说，能实现收益最大化的道德势必成为首选。

“油条哥”走红的背后，是人们对当前食品药品安全、对商家和企业“良心”缺失问题的忧虑。“油条哥”的出现固然充满了正能量，但不该成为一个标杆。“良心”本该是商家固守的底线。社会风气的转变，道德良知的挽回需要的不是几个什么哥的走红，而是从上到下每个人都该遵从规则，遵守底线。(资料来源：《经济导报》2012年5月28日)

【方案4】观赏电影《杨善洲》，撰写心得体会

在讲授“为人民服务是社会主义道德建设的核心”时，播放影片《杨善洲》，要求学生撰写心得体会，学习杨善洲同志淡泊名利、公而忘私、廉洁奉公、艰苦朴素、勤俭节约的高尚精神，在实践中不断加强道德修养，提高精神境界。

【资料】杨善洲同志先进事迹简介

杨善洲，男，汉族，1927年1月生，中共党员，生前系云南省保山市原地委书记。

杨善洲同志几十年如一日，无论是在职期间还是退休以后，他始终坚守共产党人的精神家园，把党和群众的利益放在个人利益前面，淡泊名利，始终公而忘私、廉洁奉公，永葆一名优秀共产党员的本色。

从担任县领导到地委书记，杨善洲从20多岁起就把自己的根牢牢扎在群众之中。他一年里大部分时间都在乡下跑，很少待在地委机关。保山有5个县，99个乡，每一个乡都留下了杨善洲的脚印。龙陵县木城乡不通公路，是最远的一个乡。他上任不久，便徒步4天进入木城乡。为提高亩产解决群众温饱，他亲自试验“三岔九垄”插秧法。直到现在，保山当地群众插秧还沿用这个方法。他还推动了“坡地改梯田”、“改条田”、改籼稻为粳稻等各种试验田。1978年至1981年，保山的水稻单产在全省一直排第一，1980年，全国农业会议在保山召开，保山获得“滇西粮仓”的美誉，杨善洲则被人们称作“粮书记”。

工作35年来，杨善洲始终艰苦朴素，两袖清风，常年住在办公室旁一间10多平方米的小屋里，从不占公家一点便宜。他下乡，总像一个三人战斗小组，司机、秘书，一辆212吉普，其他随员一个不要。上路，直奔田头。碰上饭点，老百姓吃什么，他吃什么，吃完结账，绝无例外。走到哪里，看到困难的人家缺衣少被，遇上哪个群众买种子、买牲口少钱，他就从自己兜里往外掏。有人劝他不必，他说：“我是这里的书记，老百姓有困难，我能看着不管吗?”

1988年6月，杨善洲从保山地委书记岗位上退休，为实践“帮家乡办点实事”和“只要生命不结束，服务人民不停止”的诺言，婉拒了到昆明安享晚年的邀请，执意回到家乡施甸县义务植树造林。他把建林场与造福群众结合起来，每年无偿为村民提供林柴，为6个自然村修通了公路，为8个自然村架通了生产生活用电，促进了当地群众脱贫致富。他常常替困难群众买粮食、种子、衣被，先后向省外灾区和为地方经济社会发展捐款20多万元。艰苦创业20余年，使7.2万亩昔日山秃水枯的大亮山重披绿装，活立木蓄积量经济价值超过了3亿元，同时极大改善了当地的生态环境。2009年4月，82岁的杨善洲将大亮山林场经营管理权无偿移交给国家，并且谢绝当地政府的奖励。

杨善洲同志的先进事迹赢得了社会各界的高度评价。胡锦涛总书记做出重要指示："杨善洲同志是党员干部的学习楷模，是离退休老同志的优秀代表。他一辈子忠于党的事业，一辈子全心全意为群众谋利益。他的模范事迹和崇高精神感人至深。每一个党员干部特别是领导干部都要向他学习，自觉加强党性修养，自觉实践党的宗旨，努力做人民满意的好党员、好干部。"他获得全国绿化奖章、首届中华环境奖提名奖，荣获全国绿化十大标兵、全国环境保护杰出贡献者、全国优秀共产党员等荣誉称号。(资料来源：中国文明网)

【方案5】主题辩论——社会主义市场经济条件下集体主义是否过时

在讲授"集体主义是社会主义道德建设的原则"内容时，组织开展"社会主义市场经济条件下集体主义是否过时"主题辩论。

辩论可以围绕以下几个方面展开：

1. 社会主义市场经济是否需要集体主义。
2. 对集体主义产生误解的根源及其错误。
3. 个人主义与利己主义的实质及其危害。
4. 当代西方社会社群主义出现的事实是对个人主义与利己主义的批判。
5. 团队、团队意识、团队精神的实质就是集体主义。一个团队若想在竞争中赢得胜利，就必须有集体主义精神。国与国的竞争、企业与企业间的竞争是如此，体育比赛亦是如此。
6. 在社会主义市场经济条件下集体主义所具有的现实意义。

【资料1】托克维尔论个人主义的危害

托克维尔在《论美国的民主》一书中讲道："个人主义是一种只顾自己而又心安理得的情感，它使每个公民同其同胞大众隔离，同亲属和朋友疏远。……利己主义可使一切美德的幼芽枯死，而个人主义首先会使公德的源泉干涸。但是，久而久之，个人主义也会打击和破坏其他一切美德，最后沦为利己主义。"

——[法]托克维尔：《论美国的民主》下卷，商务印书馆1988年版，第625页

【资料2】人是相互合作、相互依存的

马克思说："每个人为另一个人服务，目的是为自己服务；每一个人都把另一个人当做自己的手段互相利用。这两种情况在两个人的意识中是这样出现的：每个

人只有作为另一个人的手段才能达到自己的目的；每个人只有作为自我目的(自为的存在)才能成为另一个人的手段(为他的存在)；每个人是手段同时又是目的，而且只有成为手段才能达到自己的目的，只有把自己当做自我目的才能成为手段，也就是说，这个人只有为自己而存在才把自己变成为那个人而存在，而那个人只有为自己而存在才把自己变为这个人而存在——这种相互关联是一个必然的事实。”

——《马克思恩格斯全集》第46卷(上册)，人民出版社1979年版，第196页

恩格斯也说：“如果一个人只同自己打交道，他追求幸福的欲望只有在非常罕见的情况下才能得到满足，而且决不会对己对人都有利。他的这种欲望要求同外部世界打交道，要求有得到满足的手段：食物、异性、书籍、娱乐、辩论、活动、消费和加工的对象。”

——《马克思恩格斯选集》第4卷，人民出版社1995年版，第238页

【方案6】观看视频《圆梦中国　德耀中华——第四届全国道德模范颁奖典礼》

在讲授“恪守公民基本道德规范”时，组织观看视频《圆梦中国　德耀中华——第四届全国道德模范颁奖典礼》，引导学生从助人为乐、见义勇为、诚实守信、敬业奉献、孝老爱亲等方面感受中华民族道德礼仪之邦的真实风韵，体会大音希声、大爱无形的深刻内涵。激励学生以道德模范为榜样，自觉遵守公民基本道德规范，努力践行社会主义荣辱观。

【资料1】全国助人为乐模范高淑珍

高淑珍，女，汉族，1957年7月生，河北省唐山市滦南县司各庄镇洼里村村民。

14年来，高淑珍用单薄而坚强的肩膀挑起一座“炕头小课堂”，用舐犊情怀支撑起几十个残疾孩子的就学梦想，她用平凡的服务诠释了不凡的志愿精神。高淑珍儿子王立国4岁时，患上了类风湿病，肢体关节变形，走路十分困难，虽经多方求医诊治却没有好转，结果落下了残疾。随着小立国年纪的增长，上学读书的渴望也越来越强烈，但受身体条件限制，他不能像正常孩子一样进入学校。高淑珍看在眼里，急在心里，她转念一想，附近村庄也有一些因为残疾而不能入学的孩子，他们一定也渴望上学，如果能把他们聚到一起读书学习，那该多好！

1999年，“炕头小课堂”开课了。4张小课桌，1块小黑板，5个残疾孩子，课本是借来的旧书，“老师”就是她的闺女王国光——为了这个唯一的老师，高淑珍硬是将自己刚刚初中毕业的女儿留在小院里，每每念及此事，她总感到愧对女儿。

随着送到家里读书的孩子越来越多，高淑珍索性让孩子们住到家中，免费吃住，免费学习。炕头小课堂最多时达到39个孩子，都管高淑珍叫“妈”。这些曾经因为残疾而受过别人歧视和嘲笑的孩子，把高淑珍的家当成了自己的家。高淑珍也

把这帮残疾孩子当亲生的，愿意为他们做一切事。

为了能够更好地照顾这些孩子，高淑珍睡觉的时候几乎没脱过衣服。睡觉前，要给孩子们一个一个接尿；再搂着最小的孩子，哄着睡觉；大约每两小时就要起来一次，叫醒爱尿炕的孩子起来解手。为了这帮孩子，她每天早早起来，给孩子们做好饭，然后就带着两个馒头去赶集卖货。没有集的日子就走街串巷叫卖。

高淑珍就这样坚持了整整 14 年。在她的感召下，一批志愿者先后走进高淑珍的家中，当起了爱心志愿者，全身心投入到关爱残疾孩子的志愿服务活动中，演绎了一曲志愿接力、奉献爱心的动人篇章。

【资料 2】全国见义勇为模范沈星

沈星，男，汉族，1981 年 6 月生，中共党员，生前系第二炮兵工程大学士官职业技术教育学院参谋。

危难时刻，沈星挺身而出，在山东青州勇救落水少年，但因体力耗尽沉入水中，经抢救无效，壮烈牺牲。牺牲时，他仍举着双手保持着向上托举的姿势，用实际行动践行了“随时准备为党和人民牺牲一切”的庄严承诺。

2012 年 5 月 13 日 10 时许，山东省青州市经济技术开发区中学生王鸿昊在青州市南阳河畔游玩时不慎落水。携妻女途经此地的沈星听到呼救声后，奋不顾身立即跳入水中实施营救。他一次次将王鸿昊推向岸边，但由于水流湍急、河堤坡陡湿滑，王鸿昊一次次从河堤滑下来。经过沈星数次奋力推举和闻讯赶来的一名妇女和中年男子协助，落水学生终于被营救上岸，但沈星因体力透支沉入水中。在当地军民共同搜救下，沈星被救捞上岸，但因溺水时间过长，经抢救无效，壮烈牺牲，献出了年仅 31 岁的宝贵生命。当沈星被打捞上岸时，在场的人们都惊呆了，他仍然举着双手保持着向上托举的姿势。

2013 年 3 月，沈星的英雄事迹被西安电影集团拍摄成专题片《一道星光化彩虹》并进入院线公映，成为培育社会主义核心价值观的生动教材。2000 年考入军校后，他在部队这个大熔炉大学校里锻炼成长，对党和人民的朴素情感升华为革命军人的使命责任。当发现集体组织的献血名单中没有他时，他主动去义务献血；当遇到陌生人向他求助时，他像对待亲人一样真心解困；当同学、战友遇到困难时，他总是伸出援手；当人民群众生命财产安全受到威胁时，他临危不惧、挺身而出、慷慨以赴。正如沈星所说：“一天做件实事，一月做件有意义的事，一年做件大事，一辈子做件有意义的大事。人可以平凡，但不可以平庸。”

沈星荣获陕西省见义勇为道德模范、中国青年“五四”奖章、全军践行当代革命军人核心价值观“最美军人群体”新闻人物特别奖等荣誉称号。

【资料 3】全国敬业奉献模范罗阳

罗阳，男，汉族，1961 年 6 月生，中共党员，生前系中航工业沈阳飞机工业集团有限公司董事长、总经理。

2012 年 11 月 25 日，罗阳为航空工业发展披肝沥胆、鞠躬尽瘁，在我国首艘航母“辽宁舰”完成训练任务时，突发心脏病不幸以身殉职，用生命践行“航空报国”的铮铮誓言和共产党员无私奉献的理想信念。

“信念坚定，忠诚报国”是他一生坚持的信念。参加工作以来，罗阳前 20 年设计研发飞机，后 10 年指挥制造生产飞机，以毕生的智慧和心血，一次次托举共和国战鹰完美升空，用生命圆了中国人心中的航空强国梦。他常说：“‘沈飞’的责任不仅关系企业生存，更关系国家利益。”“‘沈飞’不能忘了这八个字，那就是‘恪尽职守，不负重托’。”从一名普通的飞机设计员到军工大型企业主要负责人，他用坚守 30 年的航空报国理念，组织完成了多项国家重点航空装备研制和生产任务，实践了对党忠诚的一生，对祖国忠诚的一生，对航空事业忠诚的一生。

干惊天动地之事，做默默无闻之人。罗阳任沈飞公司总经理几年来，正值航空武器装备高速发展时期，也是沈飞公司任务最为艰巨的几年。他把项目研制作为自己最大的政治使命。签发总经理令，成立现场工作组，强化生产计划严肃性和执行力；亲自签订“责任状”，组织部装、总装和试飞“三大战役”，集中力量开展重点项目攻坚决战，成功克服资源不足、成品供应不及时等一个个难关，完成多个重点项目任务，为航空武器装备发展做出重大贡献。在产品研制过程中，他带领沈飞公司不断创新项目管理模式，缩短了项目研制周期，产品研发能力和制造能力实现重大突破，生产能力实现跃升。他把“恪尽职守，不负重托”作为沈飞公司的核心理念，提出了思想意识、工作作风、组织纪律“三项整治”工作，大力推进实施“严格化、精细化、规范化、标准化”管理，极大地提升了效率和效益。在生命最后一个月，罗阳劳心劳力，没有一刻休息，用全部精力带领着“沈飞”冲上事业巅峰。

罗阳荣获全国优秀共产党员、全国“五一”劳动奖章、革命烈士、辽宁省第五届道德模范、全省优秀共产党员、全省特等劳动模范等荣誉称号。(资料来源：中国文明网)

【方案 7】文明生活，健康成才——社会主义荣辱观主题系列活动

以“八荣八耻”为主要内容的社会主义荣辱观内涵深邃，体现了中华民族传统美德与时代精神的有机结合，体现了社会主义基本道德规范和社会风尚的本质要求。在学习“树立和践行社会主义荣辱观”相关内容时，组织开展以“文明生活，健康成才”为主题的社会主义荣辱观系列实践活动，强化学生对社会主义荣辱观的认识，自我教育、自我约束、自我提高，努力提升道德境界。

【活动一】行动起来，向零艾滋迈进——“红丝带进校园”活动

观看彭丽媛反歧视艾滋公益短片《永远在一起》，开展“红丝带进校园”活动。通过防艾宣传资料、宣传展板展览、有奖知识问答、爱的寄语等多种形式的科普宣传活动，提高学生对艾滋病的正确认识，增强预防艾滋病的技能，树立社会责任意识和正确的性道德观，培养文明健康的生活方式，真正做到“以崇尚科学为荣，以愚昧无知为耻”。

【资料】正确认识艾滋病勿“谈艾色变”

2014 年 12 月 1 日是第 27 个“世界艾滋病日”。今年活动主题为“行动起来，向‘零’艾滋迈进”，副标题为“凝聚力量，攻坚克难，控制艾滋”。一提起艾滋病，大家都谈虎色变，恐慌和疑虑充满整个头脑。那艾滋病到底是怎么样的？艾滋病真的很恐怖吗？

艾滋病及其传播方式

1981 年 6 月 5 日，美国疾病预防控制中心在《发病率与死亡率周刊》上登载了 5 例艾滋病病人的病例报告，这是世界上第一次有关艾滋病的正式记载。1982 年，这种疾病被命名为“艾滋病”。从这个时候开始，我们就与全世界站在了共同抗击艾滋病的战线上，大家从一些影视作品及宣传广告里都知道，一旦患上艾滋病，人生就陷入了无止境的黑暗，那艾滋病患者是如何感染和患上这种疾病的呢？艾滋病主要通过三种方式进行传播：一是血液传播，输入被 HIV 病毒污染的血液或是血制品，非法采供血，共同注射器吸毒，使用未经严格消毒的针具、器械，人体组织器官感染等可传播艾滋病；二是性传播，男女或男男之间不完全的性行为可传播艾滋病，性伴侣越多，感染的危险就越大；三是母婴传播，感染艾滋病的妇女在怀孕、分娩或是哺乳时，把病毒传染给胎儿或是婴儿。据了解，中国目前艾滋病病毒的传播仍以注射吸毒为主，约占 70%，然而流行趋势表明，性传播已逐步发展成主要途径，全世界 HIV 的传播四分之三为性传播。

如何远离艾滋病

生活中，多数人均是“谈艾色变”，觉得艾滋病人及其患者非常可怕，事实上，我们应该多给予艾滋病人关爱，同时也应该掌握正确预防艾滋病的知识。在生活中，大家要做到洁身自爱，遵守性道德，不发生婚外性行为和同性性行为，这是预防经性接触感染艾滋病的根本措施；正确使用质量合格的安全套，及早治疗并治愈性病可大大减少感染和传播艾滋病、性病的危险；避免不必要的注射、输血和使用血液制品，必要时，使用经过艾滋病病毒抗体检测合格的血液或血制品，并使用一次性合格注射器或经过严格消毒的器具；对已经感染艾滋病病毒的孕妇及时采取抗病毒药物阻断、减少产时损伤性操作、避免母乳喂养等预防措施，可大大降低胎、婴儿感染的可能性；共同使用静脉注射吸毒是感染和传播艾滋病的高危行为，要拒绝毒品，珍爱生命。（资料来源：曲靖日报）

【活动二】“我光盘，我光荣”——光盘行动进校园

有一种节约叫“光盘”，有一种公益叫“光盘”，有一种习惯叫“光盘”。为教育学生发扬艰苦奋斗、勤俭节约的作风，养成健康文明的生活习惯，组织开展“我光盘，我光荣”光盘行动进校园活动，进一步培养学生的节约意识，减少舌尖上的浪费，努力做到“以艰苦奋斗为荣，以骄奢淫逸为耻”。

具体实施方案：

1. 由学生编写“光盘体”倡议书、口号，用生动的语言介绍、推广光盘行动。

2. 开展网络“晒光盘”和“晒不光盘”行动。学生通过微博、微信等形式，上传身边“光盘”及“不光盘”照片，对光盘族表扬，对浪费者曝光。

3. 招募光盘行动志愿者，发放统一标志，于就餐时间在食堂、宿舍等地，宣传“光盘行动”理念，提倡、监督同学们践行“光盘行动”。

【资料 1】我光盘，我光荣——“光盘行动”倡议书

亲爱的同学们：

有一种节约叫光盘，有一种公益叫“光盘”。所谓光盘，就是吃光你盘子中的食物。当前，餐桌上浪费的粮食数量巨大，“舌尖上的浪费”触目惊心，身边的浪费比比皆是。勤俭节约历来便是中华民族的传统美德。然而，随着人们物质生活水平的不断提高，铺张浪费的现象却越来越严重了。据中国社科院统计，我国每年浪费食物总量折合粮食约 500 亿公斤，接近全国粮食总产量的十分之一。即使按保守推算，我国每年最少倒掉约 2 亿人一年的食物或口粮。然而与此形成鲜明对比的是另一组数据：世界上平均每 6 秒就有 1 名儿童因饥饿死亡，平均每年因饥饿就会夺去 1000 万人的生命；在我国甚至仍有 1 亿多贫困人口。同学们，如果我们把每天浪费的粮食回收 5%，就可以多救活四百万饥民。由此可见，节约不仅是一种美德，一种智慧，节约更是我们的行动，我们的习惯！并且随着全国主流媒体对“舌尖上的浪费”大加挞伐，将盘中餐吃光、喝净、带走的“光盘行动”在全国火热开展，并得到许多民众、餐饮业经营者、公益组织的热烈响应，而作为当代大学生的我们，厉行勤俭节约更是责无旁贷。因此，我们向广大同学们倡议：

一、树立节约光荣、浪费可耻的思想观念，厉行勤俭节约，反对铺张浪费。

二、节俭用餐，吃多少点多少，不够再添加；吃光碗里的最后一粒米、盘中的最后一棵菜。

三、以“光盘”为荣，“剩宴”为耻。就餐点菜时，适度适量，吃饱为好，实在吃不了，记得打包带走。

四、从自身做起，从细节做起，与文明握手、向陋习告别，吃出文明和修养。

五、提醒身边的同事和朋友，积极制止浪费粮食的现象，做节约的宣传员，向家人、亲戚、朋友宣传节约粮食。

六、既要做“光盘行动”的实践者，也要做“光盘行动”的推动者。用省下来的钱，多做好事，多做公益。

同学们，一粥一饭当思来之不易。勤俭不是吃苦，而是对有限资源的珍视。让我们从今天开始，让我们一起：不剩饭，不浪费，吃多少，要多少，吃不了，兜着走！同学们加入光盘族，一起对“浪费”说不吧！因为“厉行节约、反对浪费”需要从我做起，从现在做起。

【资料2】节俭到“抠门”的有钱人——李嘉诚一生坚持的金钱观

据香港媒体报道，美国财富杂志《福布斯》2010年香港40富豪榜上，李嘉诚以213亿美元再次蝉联香港首富。

有些人认为李嘉诚是一个“守财奴”，太过于悭吝，但从他多次慷慨捐赠于不同的教育及公益事业，我们再次得到印证，富而不奢、崇尚节俭是李嘉诚先生对个人的生活要求，是他个人生活的一种自律，是对欲望的一种克制，是经商必备的自制。

早在2006年，李嘉诚就曾表示：会将个人财产的三分之一捐作公益慈善之用。李嘉诚坦言：“基金会是我的第三个儿子。”时至今日，李嘉诚基金会及由李嘉诚先生成立的其他慈善基金会，已对教育、医疗、文化及公益事业支持的款额逾110亿港元。

李嘉诚在慈善事业方面所做的贡献已无法单纯用数字来衡量，但即便如此，出身贫苦人家的他在生活方面却依旧节俭如初。李嘉诚对自己的衣着从来都不怎么讲究，皮鞋坏了，他觉得扔掉太可惜了，补一补后照样穿，而一套西装穿个十年八年对他来说更是平常事。

每次宴请客人，他总是吃简餐。一次，李嘉诚在澳门参加一个招待会，宴会厅金碧辉煌，一派富贵。然而，当宴会快结束的时候，却有人看到这么一个细节：李嘉诚面前桌子上一个盘子里还剩下两片西红柿，他笑着低声招呼身边的助手，助手轻步上前后，两个人一人一片地把西红柿分着吃了。李嘉诚就这么简单地动筷子，随意而自然，却感动了在场的所有人。“不能浪费”，单纯的四个字，是李嘉诚先生一生坚持的金钱观。正是这小小的两片西红柿，折射出他勤俭节约的品格。在他看来，即使是不起眼的小物件，也不能因浪费而抹杀了它存在的意义。

实际上，李嘉诚的成功之道并没有什么特殊之处，也没有多少神秘的地方。只不过，他有超常的毅力，做到了常人不容易坚持下来办到的事情。其中，最重要的就是勤奋和节俭。

而李嘉诚看重的不仅仅是勤俭本身，他坚信的是“成由节俭败由奢”的道理。诚然，李嘉诚的财富并不是单靠节俭积攒而来的，但是他的节俭作风，无疑是使他的事业迎来一个又一个辉煌的重要原因。（资料来源：世界财经报道 2010 年 5 月 29 日）

【活动三】焦点事件大家谈——“残疾”乞丐起身行走，男子跟拍遭骂

通过照片和文字向学生介绍焦点新闻“‘残疾’乞丐起身行走，男子跟拍遭骂”，并组织学生围绕“乞丐究竟值不值得帮助”、“跌倒的老人该不该扶”等社会热点问题展开讨论。通过讨论，使学生了解乐善好施、友善助人是中华民族的传统美德，但是社会上也不乏一些为了私利不讲诚信、被人救助却以恶报善的缺德之人。他们的行为，不仅打击了人们帮扶弱势群体的积极性，而且误伤了那些真正需要帮助的群体。引导学生提高明辨是非、去伪存真的能力，面对这些社会现象做出正确的、理性的道德选择，积极倡导和实践“以团结互助为荣，以损人利己为耻”的社会主义荣辱观。

【资料 1】“残疾”乞丐起身直立行走拦公交　男子跟拍遭骂“别挡我财路”

2014 年 12 月 8 日台州温岭网友“小云”，跟踪了一位残疾乞丐一个多小时，结果让他大吃一惊：原先瘫痪的乞丐，数着讨来的钱，起身行走，拦了辆公交车回家了。

“小云”在温岭郧根镇政府工作，12 月 9 日上午他到温岭市石桥头镇办事，听到一个哀伤的声音。循声望去，他看到一个匍匐在地的乞丐。

“他趴在一块滑板上，用两手爬行。”“小云”掏出 5 元钱放进乞丐的罐子里，随后又有几个好心人也过来放了点钱。

“你是不是碰到什么困难了？需要帮助吗？”“小云”问。他希望可以提供更多的帮助。没想到，乞丐不耐烦地说：“你能帮助啥？不要挡我财路！你有这个能力吗？”

“小云”被呛了正着，想想手头的事忙完了，他决定跟踪偷拍这个乞丐，看看他是不是假乞丐。恰好他爱好摄影，身上带了相机。下面是他的自述：

11 点 35 分　振兴路上

振兴路是温岭市石桥头镇上主要街道，车、人都很多。这名乞丐把喇叭声音开得很响，然后沿着街道从南往北爬行。至少有三四个路人给他扔钱，少的两三块，多的有扔 10 块的。

11 点 52 分　石桥菜场

爬了近 20 分钟，他爬到了振兴路北头，那边没啥人气。他调转方向，向旁边的石桥菜场爬去。菜场满地脏水，但他似乎不在乎。有两三个卖菜的商户看到了他，纷纷拿钱给他。

12 点 08 分　南门街

菜场里给钱的人，似乎没有料想的多。从东门进来的乞丐急急从南门拐了出去，爬到了南门街。南门街是一条古街，有不少年老居民，信佛的老太太特别多。她们纷纷拿钱给他，嘴里还念叨着“罪过罪过”。还有一个小男孩，妈妈给了他 1 块钱，让他拿给乞丐，小男孩觉得钱太少了，让妈妈又加了一块，然后放进罐子里，笑眯眯地蹦跳着离开。

12 点 21 分　81 省道林石线

他大概有点累了，爬行的速度越来越慢。81 省道林石线车流不少，但行人很少，一路爬下来，没有收到钱。此时，他两只手一撑，整个人居然起来了，变成跪的姿势。又过了一会儿，他居然站了起来！我当时惊讶地都要叫出来了，他看起来空荡荡的裤管里，居然有两条好腿。

12 点 28 分　镇政府附近公交站牌

接着，他舒展了一下筋骨，然后把罐子里的钱掏出来数。远远看去，纸币总有近百元。他将钱放进一个编织袋，然后将破帽、破衣、破裤一一脱去，露出里面那套干净衣服。他拦了辆公交车走了，剩下傻眼的我独自在风中凌乱。(资料来源：《钱江晚报》2014 年 12 月 8 日)

【资料 2】坐飞机到重庆行乞　4 乞丐 3 人用“苹果”

2014 年 12 月 7 日，四个外地人以打工无果，没钱买票回家为由，在重庆沙坪坝三峡广场寻求资助时，被热心市民举报。民警将四人带回派出所调查，让人诧异的是，这几个声称没钱回家的外地打工者，竟然是从南昌搭乘飞机前来重庆行乞赚过年钱的，其中一人用的手机还是 iPhone 6 Plus。

上午 11 点左右，热心市民熊大姐报警称，有外地人在三峡广场冒充没钱回家的打工者，四处行骗要钱。民警迅速赶往现场，将四人带回沙坪坝区公安分局渝碚路派出所进行调查。

经查，四人均来自安徽某县，平时在家务农，农闲时节便相邀出门行乞，主要方式就是冒充外来务工人员，不够钱买票回家，寻求资助。由于每次要钱的数额很小，一般是三五元，最多十来元，很多好心人不慎上当受骗。

据交代，四人 28 日从南昌乘飞机来到重庆，8 天时间先后到过沙坪坝、解放碑、南坪、大渡口等地的人流密集区域，除去开销，每人已经赚了七八百元。民警对四人随身物品进行了清点，发现他们不仅衣着光鲜，手表、戒指一应俱全，还有 3 人使用的是苹果手机，其中一人还用的是最新上市的 iPhone 6 Plus。

民警对四人进行了严厉的批评教育。四人认识到错误，写下检讨书，表示将尽

快返回家乡，不再行乞骗人。（资料来源：央视新闻 2014 年 12 月 8 日）

【活动四】问卷调查——大学生诚信状况

诚信是中华民族的传统美德，也是衡量个人品德修养状况的重要指标。在当今的大学校园，诚信缺失现象时有发生，如考试作弊、借贷不还、恶意拖欠学费、毕业推荐弄虚作假、欺骗家长和老师、制造虚假履历和证明、抄袭作业、抄袭学术论文等。通过"大学生诚信状况"调查活动，进一步深入了解大学生的诚信状况，探索影响大学生诚信意识的因素，从而有针对性地开展活动，加强大学生的诚信意识，使学生牢固树立"以诚实守信为荣，以见利忘义为耻"的社会主义荣辱观。

【资料 1】大学生诚信状况调查问卷

1. 您的性别是(　　)。

A. 男　　B. 女

2. 在您小时候，父母对您进行过诚信教育吗？(　　)。

A. 经常进行教育　　B. 不经常教育　　C. 不记得了

3. 根据您对诚信内涵的理解，您认同以下哪些观点(　　)。

A. 诚信是中国传统的道德标准，但已不适合今天社会发展的要求

B. 诚信仅仅是一种道德约束，靠个人自觉

C. 诚信不仅是一种道德约束，而且是一种法律约束

4. 您认为自己是个讲诚信的人吗？(　　)

A. 是，诚信是基本道德，一向严格要求自己

B. 基本是，特殊情况下会不诚信

C. 不是，诚信对我来说可有可无

5. 您认为现在大学生的总体诚信情况如何？(　　)

A. 很好　　B. 一般　　C. 较差

6. 您对作弊行为(　　)。

A. 深恶痛绝，自己也绝不会作弊

B. 不赞成，但也不会制止

C. 无所谓，自己偶尔也会作弊

7. 为评上奖学金而请客送礼、投机取巧拉关系，您觉得(　　)。

A. 这是不诚信的行为，不赞同

B. 每个人都有自己的想法和办法，无所谓

C. 没违法，可以接受

8. 大学期间会要求写论文，您会怎么做？(　　)

A. 大部分自己写，少量引用资料

B. 大量引用资料里的语句

C. 直接抄一篇

9. 您认为诚信对毕业生找工作重要吗？(　　)

A. 重要，单位都喜欢诚信的人

B. 一般重要，不是所有人都重视

C. 不重要，工作只要有能力就行和诚信无关

10. 对于毕业生求职简历中的修饰现象，您认为(　　)。

A. 是不讲诚信的表现，不值得提倡

B. 适当修饰可以理解

C. 允许，大家都明白有很多水分，没什么大不了的

11. 对于在网络中讲诚信，您认为(　　)。

A. 诚信是个人品德，无论在哪里都应该诚实守信

B. 视情况而定

C. 网络世界是虚拟的，根本没诚信可言

12. 国家助学贷款是国家运用金融手段，由银行向普通高等学校中家庭经济困难的学生发放的，可不少学生贷款后并不能按期归还款项，使国家蒙受损失，这一现象，您的看法是(　　)。

A. 这是个人信用问题，有借必有还，应该加强学生的诚信意识

B. 助学贷款是国家发放帮助贫困生的，不还也还能理解

C. 还有这种事，没听说过，早知道我就贷了

13. 您认为诚信给自己带来的最大益处是(　　)。

A. 得到别人的认可

B. 对别人的承诺，同时也是对自己的承诺

C. 影响其他人，使自己成为诚信的最终受益者

14. 您觉得目前高校学生中的诚信问题主要表现在以下哪几方面？(　　)(可多选)

A. 考试作弊　　B. 无故拖欠学费　　C. 论文剽窃

D. 求职失信　　E. 交友失信　　F. 还贷失信

15. 您认为加强当代大学生的诚信教育应该从哪些方面入手(　　)(可多选)

A. 健全个人诚信档案　　B. 建立失信的惩罚措施

C. 开展宣传教育　　D. 加强舆论监督

E. 进行诚信教育考察，立足于实践

【资料2】人民日报：建立诚信体系刻不容缓

诚信，作为中国自古以来的道德规范，一直为人们所推崇和提倡。何谓诚信？

诚，即真诚，诚实；信，即遵守诺言，守信用。对个人而言，诚信乃立人之本，是为人处世的基本准则。人是社会的个体，整个社会是由一个个的人组成的，因此，每个人的诚信与社会的诚信(包括企业诚信、政府诚信)息息相关。但如今，在我们这个文明古国，传统美德——诚信却有些缺失。

我国经济发展得很快，综合国力越来越强，人民生活水平越来越高。但遗憾的是，人们发现，社会的诚信不仅没有向着好的方向发展，反而朝着越来越低的方向发展，违背诚信的事件俯拾皆是。远的不说，就拿这个月高考前山东18名大学生跨省当"枪手"被警察一锅端这事来说吧，"枪手"是在校大学生，组织者也是在校大学生。按理说，作为经过多年正规教育的高智商人才，大学生应该能明辨是非，遵纪守法。而高考作为国家第一大考，其严肃性毋庸赘言。历年来，有关部门三令五申严厉打击考试舞弊行为及涉考违法犯罪活动，但仍有个别大学生禁不住利益诱惑，不惜铤而走险，以身试法。说到底，是我国诚信教育缺失造成的后果，以致在大学校园里，考试作弊、论文抄袭、枪手替考、拖欠学费、学术造假等缺乏诚信的现象时有发生。

诚信缺失，危害严重。经济领域中的不诚信削弱企业的竞争力，损害企业的长远利益，扰乱社会主义市场经济秩序。信用是企业的无形资产，一旦失去信用，即使是知名品牌，也将被市场无情淘汰，三鹿奶粉事件就是最好的明证。信用是市场经济的基石。一个国家的市场化程度如何，与这个国家的诚信度密切相关。只有诚信作为一种经济资本最大程度参与经济运作，市场体系和市场机制才能建立、健全。

政治生活中的不诚信破坏政府的形象，损害政府的公信力，败坏党风、政风和社会风气。政府的每一项政策，官员的一言一行，都在展示着政府形象，关系着政府声誉。然而近年来，一些政府部门、领导干部在行使权力的过程中，朝令夕改，浮夸造假，好大喜功，阳奉阴违，欺上瞒下，甚至行贿受贿，权力寻租，导致群众对政府和领导干部失去信任。

个人交往中的不诚信加剧社会道德风险，影响社会稳定。诚信缺失的行为，在社会生活中具有很强的负面诱导作用，特别是当一种失信行为未受到处罚反而获利时，就会起到"劣币驱逐良币"的示范效应，对社会道德体系形成强大冲击力。有学者指出，现在中国社会所面临的主要危机之一，就是各群体之间存在一定的信任危机。《中国社会心态研究报告2012—2013》显示，目前中国社会的总体信任进一步下降，已跌破60分的信任底线，只有两到三成的人信任陌生人。一个国家，一个民族，如果没有现代科学，没有先进技术，则一打就垮；而如果没有优秀的民族人文精神，没有良好的社会道德风尚，则不打自垮。

建立诚信体系，刻不容缓。(资料来源：《人民日报》2014年6月17日)

四、实践教学应注意的问题

(1)中华民族的传统道德是一个矛盾体，有精华也有糟粕。因而我们要坚持马克思主义的立场、观点和方法，科学对待中华民族传统道德。既不能全盘肯定，也不能全面抛弃；既要反对文化复古主义，又要反对历史虚无主义。

(2)在学习社会主义道德的核心时，要突出道德建设核心的问题实质上是一个“为什么人服务”的问题。社会主义道德建设的核心就是为人民服务。为人民服务是社会主义经济基础和人际关系的客观要求；为人民服务是社会主义市场经济健康发展的要求。强调为人民服务有着先进性和广泛性的要求，是两者的辩证统一。

(3)集体主义原则的确立是有着经济前提、政治前提与文化前提的。明确集体主义原则的基本内涵：强调集体利益和个人利益的辩证统一；强调集体利益高于个人利益；强调重视和保障个人的正当利益。

(4)以“八荣八耻”为主要内容的社会主义荣辱观，对社会主义道德体系作了全面系统、准确通俗的表达，是人们选择行为、评价善恶的普遍标准，也是衡量社会道德与精神文明发展水平的重要标尺。在教学过程中注意引导学生正确认识和理解社会主义荣辱观的科学内涵。

(5)市场经济是法制经济、信用经济、道德经济，绝不是“瞒与骗”的经济。要引导学生认识诚实守信是市场经济条件下经济活动的一项基本道德准则，也是职业道德和做人的基本道德准则。

专题七 遵守公德 文明你我

一、知识点

1. 公共生活。
2. 公共秩序。
3. 社会公德。
4. 公共生活中的法律。

二、实践教学目的和要求

公共生活是人们社会生活的重要组成部分，公共生活需要公共秩序。当代社会的文明进步，离不开有序的公共生活。

本专题实践教学，旨在帮助学生了解公共生活及个人在公共生活中的地位，正确认识维护公共秩序的现实意义，自觉践行社会公德，遵守相关的法律，养成良好的行为习惯，提高人们在公共生活领域的文明程度，为推动整个社会的文明进步而努力。

三、实践教学方案

【方案1】主题讨论——由“上海外滩踩踏事件”谈社会公德的重要性

当今社会，公共生活的秩序直接影响人们的社会生活质量。在讲授“公共生活与公共秩序”时，组织学生围绕“上海外滩踩踏事件”进行讨论，重点思考踩踏事件发生的深层次原因及避免措施，通过讨论，使学生增强公共安全意识，自觉遵守社会公德，提高文明素养。

【资料】上海市政府新闻发布会：通报“12. 31”外滩拥挤踩踏事件调查结果

熊新光(联合调查组成员、市应急办主任)：2014 年 12 月 31 日 23 时 35 分，上海市黄浦区外滩陈毅广场东南角通往黄浦江观景平台的人行通道阶梯处发生拥挤踩踏，造成36人死亡，49人受伤。

调查证实，22时37分，外滩陈毅广场东南角北侧人行通道阶梯处的单向通行警戒带被冲破以后，现场值勤民警竭力维持秩序，仍有大量市民游客逆行涌上观景平台。23时23分至33分，上下人流不断对冲后在阶梯中间形成僵持，继而形成“浪涌”。23时35分，僵持人流向下的压力陡增，造成阶梯底部有人失衡跌倒，继而引发多人摔倒、叠压，致使拥挤踩踏事件发生。

对事发当晚外滩风景区特别是陈毅广场人员聚集的情况，黄浦区政府和相关部门领导思想麻痹，严重缺乏公共安全风险防范意识，对重点公共场所可能存在的大量人员聚集风险未作评估，预防和应对准备严重缺失，事发当晚预警不力、应对措施不当，是这起拥挤踩踏事件发生的主要原因。具体包括五个方面：

一是对新年倒计时活动变更风险未作评估。大量市民游客认为外滩风景区仍会举办新年倒计时活动，南京路商业街和黄浦江对岸的上海中心、东方明珠等举办的相关活动吸引了部分市民游客专门至此观看。对此，黄浦区政府在新年倒计时活动变更时，未对可能的人员聚集安全风险予以高度重视，没有进行评估，缺乏应有认知，导致判断失误。二是新年倒计时活动变更信息宣传严重不到位。新年倒计时活动变更后，主办单位应当提前向社会充分告知活动信息。但是，直至12月30日，黄浦区旅游局才对外正式发布了新年倒计时活动信息，对“外滩”与“外滩源”的区别没有特别提醒和广泛宣传，信息公告不及时、不到位、不充分。三是预防准备严重缺失。黄浦公安分局未按照黄浦区政府常务会议要求，在编制的新年倒计时活动安全保卫工作方案中，仅对外滩源新年倒计时活动进行了安全评估，未对外滩风景区安全风险进行专门评估。黄浦公安分局仅会同黄浦区市政委等有关部门在外滩风景区及南京路沿线布置了350名民警、108名城市管理和辅助人员、100名武警，安保人员配置严重不足。四是对监测人员流量变化情况未及时研判、预警，未发布提示信息。12月31日20时至事件发生时，外滩风景区人员流量呈上升趋势。黄浦公安分局指挥中心未严格落实上海市公安局指挥中心每半小时上报人员流量监测情况的工作要求，也未及时向黄浦区委区政府总值班室报告。黄浦公安分局对各时段人员流量快速递增的变动情况未及时采取有效措施，未报请黄浦区政府发布预警，控制事态发展。对上海市公安局多次提醒的形势研判要求，未作响应。五是应对处置失当。针对事发当晚持续增加的人员流量，在现场现有警力配备明显不足的情况下，黄浦公安分局只对警力部署作了部分调整，没有采取其他有效措施，一直未向黄浦区政府和上海市公安局报告，未向上海市公安局提出增援需求，也未落实上海市公安局相关指令，处置措施不当。上海市公安局对黄浦公安分局处置措施不当指导监督不到位。黄浦区政府未及时向市政府报送事件信息。

这次事件的性质，是一起对群众性活动预防准备不足、现场管理不力、应对处置不当而引发的拥挤踩踏并造成重大伤亡和严重后果的公共安全责任事件。

调查认定，黄浦区政府对事件发生负有主要管理责任，黄浦公安分局对事件发生负有直接管理责任，黄浦区市政委对事件发生负有管理责任，黄浦区旅游局对事件发生负有管理责任，黄浦区外滩风景区管理办公室对事件发生负有管理责任，上海市公安局对事件发生负有指导监督管理责任。

这起公共安全责任事件，后果极其严重，社会影响极其恶劣，教训极其深刻。必须时刻牢记，维护人民群众生命财产安全和城市运行安全，是政府法定的职责和应尽的义务。事件调查结果警示我们，领导干部思想麻痹是城市公共安全的最大隐患，安全责任落实不力是城市公共安全的最大威胁。事件调查结果告诫我们，各级政府和领导干部必须时刻把人民群众生命财产安全放在第一位，不能有丝毫侥幸心理，不能有丝毫疏忽，不能有丝毫懈怠，必须以对党和人民极端负责的精神，不遗余力、竭尽全力、殚精竭虑，切实保护好人民群众生命财产安全，切实维护好城市运行安全，切实履行好党和人民赋予的神圣使命。调查报告提出了五项具体整改建议：一是切实落实安全责任制，大力增强“红线”、“底线”意识；二是切实加强对大人流场所和活动的安全管理，进一步落实和完善相关制度规定；三是切实加强监测预警，进一步提升突发事件防范能力；四是切实加强应急联动，进一步强化应急处置能力；五是切实加强宣教培训，进一步提升全社会公共安全意识和能力。（资料来源：东方网）

【方案2】情景模拟

文明礼貌是社会交往中必然的道德要求，是调整和规范人际关系的行为准则。在讲授这一问题时，以小品、相声和情景剧等形式，模拟当时情景，围绕主动让座、文明对待、拍照感谢或肆意抢座、恶语相向等现象谈自我感受，使学生懂得文明礼貌不仅体现一个人的道德修养，更折射出一个民族的整体素质。

【资料1】“笑脸照”记录善意　“让座人”传递温情——武汉七旬婆婆为让座乘客拍照

近日，一组呈现普通乘客笑脸的照片，在网络上迅速走红。这些笑脸的背后，都有一段温馨的让座经历和美好回忆，也记录着人与人之间的善意与温情。

这些照片的拍摄者是69岁的武汉市民屠礼华。每次坐公交，遇上好心的让座乘客，屠婆婆都会掏出手机，征得同意后，为“美丽的让座人”拍照留念，表达感谢并留念。半年多来，屠婆婆已拍摄62张陌生乘客的笑脸照。这些记录让座人微笑的照片，被网友誉为对行善者的“美好回礼”。

用手机镜头定格让座人的微笑

熟练地打开台式电脑，点开桌面的“让座人”文件夹，一张张笑脸便出现在屏幕上。无论是背包小伙子羞涩的微笑，还是打着“V”字手势的女孩，家住洪山区关西小区的屠婆婆对每张“笑脸照”的来由都记忆犹新。

“这张是一对情侣在公交车上，看到我和老伴上车后，一齐起身让座后拍的。”“再看这张，一位身着红格衬衫的70多岁老人，在公交车上还为一位残疾人让座，我给她拍照时还不好意思地抿嘴笑。”简单的画面，朴素的笑脸，退休在家的屠婆婆经常浏览这些照片，回想好心人的身影和当时场景。

半年多来，屠婆婆电脑里已存下62张让座乘客的“笑脸照”，她说：“在公交或地铁上，给让座的陌生乘客拍张照后，相互间距离一下就拉近了。”

“笑脸照”背后善举传递温情

除出门买菜、访友外，参加老年合唱团是屠婆婆出门的主要目的。记者6日随屠婆婆一起乘坐715路公交车，前往位于华中师范大学的合唱团。刚上车，一位20多岁的女孩就为屠婆婆让座。屠婆婆提出给她拍照，女孩以“让座只是小事，不需要留名或拍照”为由婉拒。屠婆婆笑着告诉记者，给让座乘客拍照，并非每次都会成功，“大多数让座人都不太理解，我就耐心解释说，拍照是想感谢大伙的善举，用照片保存下心中的感动”。

屠婆婆拍下的“笑脸照”，被媒体刊载并在网络传播后，引发网友点赞。一些网友表示，这些笑脸照背后的善举，传递着人与人之间的温情，汇成冬日里的一股暖流。

友善感恩放大社会正能量

屠婆婆告诉记者，公开这些“笑脸照”，一方面是对让座乘客表达谢意，另一方面也在传递这种助人为乐的精神，“‘笑脸照’中的让座乘客，才是温暖的源泉，值得称赞的主角”。

“让座笑脸照”的走红，也引发公众对公交让座的热议。网友“MS日月人鱼”说，经常在公交车上遇到因为座位吵闹甚至动手的事情，让座是美德，不是义务，所以让与不让，重在主动自觉。互相理解，让座便不再是个尴尬的话题。

“这一张张发自内心的笑脸，是美好心灵的体现，也是社会风气的写照。”武汉市文明办主任严宏说，屠婆婆为让座乘客拍“笑脸照”，表明年轻人懂得礼让，老年人懂得感恩，“只要懂得友善待人、换位思考，世界就会充满爱”。(资料来源：贵阳日报)

【资料2】《焦点访谈》——小座位引发大冲突

现在，坐公交、坐地铁出门的人越来越多了。在车上给老幼病残孕让个座，本是个平常事。但最近，这个平常事却引发了很多不平常的事。

4 月 2 日早晨，江苏南京 68 路公交车上，一位老人数落一个小女孩："你很自私，这个专座小孩怎么能坐呢?"原来，这位老人上车后，见没有空座，便让小女孩给她让座。车上乘客说，这个 10 岁的小女孩没有说话，也没有让座，这位阿姨就生气了，说女孩脸皮比较厚，没有家教。

面对指责，小女孩起身给这位老人让出了座位。随后，正巧有乘客下车，小女孩坐在了前面的空座上一言不发，可这位老人依旧不依不饶。

小女孩虽然让了座，还是被老人数落了一路。而比这更严重的是，有人让了座还挨了打。3 月 30 日下午，辽宁沈阳的小朱和母亲乘坐 215 路公交车去购物，这时一位 70 多岁老人站到了小朱旁边，希望小朱给让个座位。

虽说不太愿意，还抱怨了几句，可小朱还是起身让了座。而就是这几句抱怨，却给小朱惹来了麻烦，老人及儿子和儿媳，因为不满小朱的几句牢骚，一家三口竟然对小朱母女大打出手。

目睹了事件经过的乘客们纷纷站到了小朱母女一边。看到这情形，老人的儿媳调转矛头，要打指责他们的人，被其他乘客拦住了。

在公共交通工具上，遇到需要帮助的乘客，在力所能及的范围内，我们应该让个座，帮个忙，文明礼让应当得到尊重，大力弘扬。但另一方面，被让座的乘客，也应该文明回应，心存感激。可这让了座，不但没有得到感谢，反而还挨骂、挨打，这就不免让人寒心。现在，在很多公共交通工具上，让不让座已经成为引发争执和冲突的导火索之一，暴力要座的不文明行为时有发生。

在苏州 514 路公交车上，年轻女子没有主动让座，一位老人先是用腰撞了女子几下，随后拳脚相加。当事人小婷表示："当时准备去考试，所以一直在低头看复习资料。他越说越激动，情绪很失控，指着我的鼻子：你信不信我打你。"

同样，在郑州 89 路公交车上，一位头戴黑色帽子的老人也是因为女子没有主动给他让座，拽住女子的头发挥拳就打，还试图将女孩拽下车。

让座是一种美德，同样，文明地接受让座，文明地请人让座也应当成为一种美德。

81 岁的顾鹤寿老人每次都会将亲笔绘制的卡片送给让座的乘客，表达心中的感激。他说："人家给你让座的话，你也要很礼貌地感谢人家。"

让座，值得鼓励。帮助弱者，表达善意是一种美德；而被让座的人接受别人的善意并且表示感谢，也是一种美德。既然叫让座，也就意味着别人并不欠你的。所以，要座，也得好言相商，也得讲文明。如果出言不逊甚至是大打出手，就是侵犯了别人的权益，而且这样下去，恐怕让座的人也就越来越少了。在这里，得给送感谢卡的那位大爷点个赞，如果人人都像这样，文明礼让，你情我愿，社会才能和谐，大家的心情才会舒畅。(资料来源：央视网 2014 年 4 月 19 日)

【方案3】课堂辩论——老人摔倒该不该扶

在社会公共生活中提倡助人为乐精神，是社会主义道德建设的核心和原则在公共生活领域的体现。在讲授这一内容时，组织学生在分析下列材料的基础上，以“老人摔倒后是否要扶”为题展开辩论，引导学生坚持“以团结互助为荣、以损人利己为耻”，积极参与公益活动，力所能及地帮助别人，快乐自己。

【资料】别让“老人摔倒扶不扶”成为永远纠结

老人摔倒无人扶，已经不是新闻。一位苏州大妈摔倒求助，连喊“不讹你们”10分钟没人理。最终，幸亏一名干过记者的小伙子帮忙报警，才挽救了道德的最后颜面。老人摔倒扶不扶，国人依旧纠结着。(10月30日《现代快报》)

助人为乐是中华民族的传统美德。面对老人摔到无人扶的道德窘境，有人会感到气愤，而一旦身临其境，却难免会选择不扶。今年以来，救人反被讹的事情依旧频频出现。9月25日，南通老人骑电瓶车摔倒，小伙救助垫付医疗费反遭索赔；9月30日，潍坊男子扶起摔倒老被其家人打伤。“扶人者反被诬陷为撞人者”的新闻频现之后，甚至出现了不可思议的“坏人变老了，还是老人变坏了”的社会讨论。

公民的良心是整个社会的良知，面对社会道德良知的沦丧，扶不扶摔倒的老人，怎能不让人纠结。毋庸置疑，“彭宇案”之后，扶摔倒的老人已经成了社会难题。尽管公众疾呼、舆论关注，却难以改变道德与法律冲突的窘境。

“老吾老以及人之老，幼吾幼以及人之幼”，是中华民族的传统美德。我们每个人都会变老，每个老人的境遇都可能是我们自己。在依法治国的当下，司法必须给予讹诈者严厉的惩戒，让见义勇为者有更多的支撑。总之，期望“老人摔倒扶不扶”的纠结别再持续下去。(资料来源：《大众日报》2014年11月1日)

【方案4】社会热点解析——坐飞机别“任性”

近年来，“任性”一词频繁出现在公众眼里，已然成为了2014年的热门词。有钱人的任性、飞机上的任性、生活中的任性等现象屡见不鲜，人们已经在不知不觉中赋予了“任性”特殊的含义。结合近期发生在飞机上的任性事件进行深入分析，使学生懂得遵纪守法是社会公德基本要求，是维护公共生活秩序的重要条件，是提高人们社会公德水平的主要途径，从而“任性”地坚持“以遵纪守法为荣、以违法乱纪为耻”，提升中国人良好的国际形象。

【资料】坐飞机出行请别“任性”

2015年首日，一名男子在飞机上打伤一名女乘客，被拘留5日；去年年末，中国游客在亚航航班上向空姐泼热水，扬言炸机，导致航班中途返航……中国游客在航班或机场的不文明行为不断被曝光。春节临近，即将迎来人们出行的高峰。如何乘坐飞机文明出行再次引发人们的讨论和深思。

你在飞机上这么“任性”，家人知道吗？

随着国人生活水平的提高，越来越多的人加入了旅游者的队伍，更多人通过乘坐飞机出游。然而，中国游客在航班或机场的不文明行为却不断被曝光，这不得不引发国人对文明旅游、文明乘机的思考。

对空姐“任性”：游客热水泼空姐

2014年12月11日，在从泰国曼谷飞往南京的亚航航班上，两名中国游客因提供热水及找零问题与空姐产生冲突，男游客将垃圾倒在过道上乱踩并辱骂空姐，女游客将一整杯热水泼在了空姐身上。在乘务长要求女游客道歉遭拒后，飞机被迫返航。

对乘客“任性”：两名女乘客航班上打架

2014年12月17日，由重庆飞往香港的航班上，前排两名女乘客嫌后排小孩太吵，后排乘客责怪前排座椅影响了他们。几名乘客因此在飞机上大打出手，飞机差点因此返航。当天下午5时33分，香港机场管理局发言人说，上午约11点，机场接到通知，国航CA433抵港航班上有乘客争执，需报警求助。有关乘客其后在警方协助下，同意自行处理事件。

对飞机设备“任性”：乘客强开飞机安全门

2015年1月9日，由昆明至北京MU2036航班受昆明机场持续雨雪和降温结冰影响出现延误，有旅客强行将机翼上方3个应急出口打开。云南省公安厅民用机场公安局通报，经初步调查，系旅客与机组争吵后，突然打开3扇安全门。目前，涉事北京旅行团导游李某及一名旅客已被治安拘留。

除了以上这些不文明行为外，个别旅客在乘机出行过程中还存在着一些看似是小事但会造成不良后果的举动。如登机时抢占行李架和不及时就座让道，飞机起降和飞行途中拒绝关闭手机，飞机落地仍在滑行时就打开手机接打电话，飞机没停稳就起身打开行李箱取行李等。旅客的种种不文明行为不仅违背了社会公德，也是一种对自己和其他乘客生命财产安全极不负责任的表现，更有损中国和中国人的形象。

“仓廪实而知礼节，衣食足而知荣辱。”随着人们生活水平的提升，乘客的衣着越来越亮丽，行李箱越来越时尚，电子设备换了一代又一代，而精神文明提升也需要与时俱进。解决“空中任性”问题，需要制度惩戒，更需要内在素养的提高。因为你怎样，中国便怎样。(资料来源：中国文明网　话文明第三十五期)

【方案5】社会实践——文明出行，从你我做起

在讲授《道路交通安全法》时，结合网络调侃话题“中国式过马路”开展讨论，组织学生走上街道志愿服务，宣传交通法规、维护交通秩序，开展以“文明出行、从你我做起”为主题的社会实践活动，倡导从我做起、从拒绝闯红灯做起，营造文明、和谐、有序的道路交通环境。

【资料】人民网评：破解“中国式过马路”是一道社会管理题

近来在微博上流行这样一个词，叫做“中国式过马路”。什么意思？有人描述为“凑够一撮人就可以走了，和红绿灯无关”，还有图为证：在城市街头，有好几位行人并没有走在斑马线上，而是走在旁边的机动车变道路标上，其中有推着婴儿车的老人，也有电动车、卖水果的三轮车。

这样的场景，是不是眼熟？也正因为其司空见惯，甚至为人所不觉，所以一旦被贴上“中国式过马路”标签的时候，才会引起广泛的共鸣和讨论。循着这样的思路，一些行人纵身一跃横跨公路隔栏，可称为“中国式跨栏”；公交车站乘客们蜂拥而上挤进车，可称为“中国式上车”；正在行驶的车辆突然一个急转，强行插入另一条车道，可称为“中国式并线”。

类似现象还有不少。集纳到一起，着实令人吃惊，原来我们身边存在这么多不文明现象，很多时候不管有意无意，各种“中国式”做法成了一种自然选择，甚至到了不这么做，反而会不正常、不便利。

这种吊诡的变化之中，一则存在群体效应，大家都这么做，法不责众，形成了一种社会氛围；一则发生了规则的异化，原来的红灯停绿灯行、排队依序、驾驶规则等都被放到一边，扎堆前行、拼抢上车、强行并线成了众人奉行的“潜规则”。有规不行，违规成风，潜规迭出，由此看来，“中国式过马路”等现象，其实是陷入了一种规则困境。

为什么会这样？这既有规则意识淡薄的原因，也有规则本身不完善的因素。如果一味指责公民素质不佳，并未看到问题的全部，甚至也没有点中问题的要害。以“中国式过马路”为例，行人不顾红绿灯急切通行的背后，与缺乏安全意识、心态浮躁、自私观念等不无关系。但通行区域规划不科学、绿灯时间过短、人车关系处理失衡等现实问题的存在，往往也使人们按照红绿灯划定的时空难以顺利过马路，甚至还可能面临危险。

因此，破解“中国式过马路”，不只是一道公民素质题，还是一道社会管理题。如何协调社会关系、平衡各方利益，制定体现以人为本、公平正义等理念的社会规则，提升规则的科学性？如何在规则实施中一视同仁，对违规者依法进行惩处，提升规则的公信力？这不仅考验着管理者的智慧与能力，也需要民众的参与和监督。人人行动起来，人人负起责来，共同遵守和捍卫良性规则，才能实现社会的和谐运作。过马路是这样，就业招聘、商业经营、为政用权等各个领域，又何尝不是这样？（资料来源：人民网 2012 年 12 月 16 日）

【资料 2】交通安全小知识

一、步行安全

1. 步行时，走人行道，靠右侧行走。

2. 横穿马路，要走人行横道。行走时，先看左侧车辆，后看右侧车辆。

3. 设有交通信号灯的人行横道，绿灯亮时，可通行。红灯亮时，禁止通行。

4. 设有自助式交通信号灯的人行横道，要先按人行横道使用开关，等绿灯亮、机动车停驶后，再通过。红灯亮或显示“等待”信号时，禁止通过。

5. 设有过街天桥或地下通道的区域，不横穿马路。

6. 无人行横道与通过设施的区域，横穿马路时，要在确认安全后，再通过。

7. 不在机动车道、非机动车道上打闹、猛跑。

8. 不跨越各种交通护栏、护网与隔离带。

9. 路面有雪或结冰时，防止滑倒，造成摔伤。

10. 上学路上、校园内禁止穿暴走鞋与飞轮鞋。

二、乘车安全

1. 所乘车辆靠站停止前，不要向车门方向涌动。车辆停稳后，先下后上，按顺序上下车。

2. 上车后，扶好或坐好，不故意拥挤。

3. 乘车过程中，不把身体的任何部位伸向车外。不向车外抛撒物品。

4. 乘车过程中，保管好自己的财物。

5. 不在机动车道上等候车辆或者招呼营运汽车；在机动车道上不得从机动车左侧上下车。

6. 不携带易燃、易爆、强腐蚀性等违禁物品乘车。

7. 所乘车辆发生交通事故时，要听从司售人员指挥。

三、交通事故逃生常识

1. 发生交通事故自己被困在所乘车辆中时，可击碎车窗玻璃逃生。

2. 从所乘车辆中逃出后，要远离事故发生地点，防止因车辆着火、爆炸而造成的伤害。

3. 逃生后要迅速报警或拦截车辆救助其他未逃生人员。

4. 所乘车辆着火时，应先防止吸入烟气窒息，再设法逃生。

【方案 6】主题演讲——争做环保志愿者

在讲授《环境保护法》时，组织开展“争做环保志愿者”主题演讲，使学生认识到环境保护的重要性、紧迫性，自觉树立环保意识、履行环保义务，为建设美丽中国作出应有贡献。

【资料1】中国环境保护徽

中国环境保护徽外部造型为圆形，象征地球，上端图案的绿色橄榄枝既代表和平安宁，又代表一切植物和生态环境，象征绿色的呼唤，图形中的蓝色块，代表蓝天与碧水，也泛指大地与水体·太阳代表宇宙空间，山与水借用中国象形文字，并把它图案化，从形象上增强中国特色，图案基本色调采用明快，洁白的颜色，代表洁净无污染的大气，下端ZHB为“中国环保”汉语拼音的缩写，表明这是中国环保徽。

(1)中国环境保护徽是中国环境保护的标志，象征地球，说明地球只有一个，这是我们全人类赖以生存的大环境，人们要共同保护它。

(2)徽标上端图案基本结构与组合同联合国环境保护徽相近，说明环境保护事业是全球性的，它被全世界所关注。在当今时代，日益恶化的环境告诫人们：环境保护事业与全人类生存休戚相关。

(3)上端图案绿色橄榄枝，既代表和平、安宁，又代表一切植物和生态环境，象征绿色在召唤，人们应当知道：绿色的消失，就会使生态失去平衡，对人类生存造成严重威胁。

【资料2】环保法修订草案规定6月5日为环境日

新华社北京4月21日电(记者罗沙、顾瑞珍)　提请十二届全国人大常委会第八次会议审议的环境保护法修订草案对环境保护宣传和增强公民环保意识作出相应规定，草案规定每年6月5日为环境日。

草案提出，公民应当增强环境保护意识，采用低碳、节俭的生活方式，自觉履行环境保护义务。同时，公民应当遵守环境保护法律法规，配合实施环境保护措施，按照规定对生活废弃物进行分类放置，减少日常生活对环境造成的损害。

全国人大法律委员会表示，为进一步提升公民环保意识，建议将联合国大会确定的世界环境日写入环保法，规定每年6月5日为环境日。

在环境公益诉讼方面，草案将提起环境公益诉讼的主体扩大到在设区的市级以上人民政府民政部门登记的相关社会组织。草案同时明确，符合规定的社会组织向人民法院提起诉讼，人民法院应当依法受理。提起诉讼的社会组织不得通过诉讼牟取利益。

此外，草案规定，公民、法人和其他组织有权对环境违法行为和行政机关不依法履行监督管理职责进行举报，接受举报的机关应当对举报人的相关信息予以保密，保护举报人的合法权益。(资料来源：新华社2014年4月21日)

【资料3】环保部：2014年世界环境日中国主题“向污染宣战”

中新网4月15日电　据环保部网站消息，环境保护部有关负责人今日向媒体公布，2014年“六·五”世界环境日中国主题为“向污染宣战”，旨在体现我们党和国家对治理污染紧迫性和艰巨性的清醒认识，彰显以人为本、执政为民的宗旨情怀和强烈的责任担当精神，倡导全社会共同行动，打一场治理污染的攻坚战，努力改善环境质量，保卫我们赖以生存的共同家园。

这位负责人指出，生态文明建设关系人民生活，关乎民族未来。向污染宣战是破解我国生态环境难题的必然选择，是推进生态文明建设的迫切需要。向污染宣战的主攻方向，是深化大气污染防治，强化水污染防治，抓好土壤污染治理，加大重金属、化学品和危险废物污染防治力度，深化工业污染防治。通过采取稳、准、狠的举措，逐步改善环境质量，让人民群众看到政府的决心，看到解决环境问题的希望。

这位负责人说，当前，中国环境保护既处于任务繁重、压力空前的艰难时期，也处于有所作为、解决新老问题的关键时期。确定“向污染宣战”作为今年世界环境日主题，主要出于以下几个方面的考虑：一是突出当前党和政府对环境问题的高度重视；二是积极回应人民群众对雾霾等焦点环境问题的关切和期待；三是展示中国政府铁腕铁规治污的坚定决心和应对雾霾等突出环境问题的积极行动；四是倡导包括政府、企业、公民在内的全体社会成员一起努力，共同建设天蓝地绿水净的美好家园。

据了解，联合国环境规划署确定今年世界环境日主题为“提高你的呼声　而不是海平面”，旨在呼吁国际社会采取紧急行动，帮助小岛屿发展中国家应对不断增长的风险，尤其是气候变化。

“六·五”期间，环境保护部将按惯例举办一系列宣传纪念活动，向社会推出围绕中国主题及大气污染防治行动的宣传片和宣传挂图，举办世界环境日主题纪念活动等。各地也将围绕中国主题，结合实际开展丰富多彩的宣传纪念活动，汇聚全社会的力量，不断改善环境质量，为建设美丽中国作出更大的贡献。（资料来源：中国新闻网2014年4月15日）

【方案7】案例分析（课堂讨论）

在讲授《维护互联网安全的决定》时，组织学生围绕“人肉搜索”的利与弊开展课堂讨论，使学生认识到以网络为基础的虚拟社会也需要社会公德和法律法规的约束，自觉遵守国家关于互联网的法律规定，养成科学、文明、健康的上网习惯。

【资料】广东“人肉搜索”第一案法槌止争

2013年12月初，在连续发出“第一次面对河水不那么惧怕”、“坐稳了”两条微博后，高三女生丽丽(化名)从望洋河桥上一跃而下。而在她结束自己年仅18岁生命前的最后两天，网络世界里到处都是她的个人信息，以及网友对她的大量指责。

这一切缘起于一场来势汹汹的“人肉搜索”。法院审理查明，被告人蔡某因怀疑丽丽在陆丰东海镇金碣路某服装店试衣服时偷了一件衣服，于2013年12月2日18时许，将丽丽在该店的视频截图配上“穿花花绿绿衣服的是小偷，求人肉，经常带只博美小狗逛街，麻烦帮忙转发”的字幕后，上传到其新浪微博上。微博发出仅一个多小时，迅即展开的“人肉搜索”就将丽丽的个人信息，包括姓名、所在学校、家庭住址和个人照片全部曝光，这些信息随后也被服装店主蔡某用微博发出。一时间，在网络上对丽丽的各种批评甚至辱骂开始蔓延，迅速引发很多同校同学和社会人士对她的非议。两天后，丽丽跳河自杀。丽丽的父亲向公安机关报案，称其女儿因被他人在微博上诽谤是小偷，造成恶劣影响而自杀，警方随后对蔡某进行盘问，并将其抓获归案。

“人肉搜索”致人自杀死亡，这是发生在网络信息时代的全新案件，由于当时的法律、司法解释对此类案件的规定尚不十分明确，因而案件从一开始就备受关注，并一度颇具争议。蔡某的行为究竟是否构成犯罪？如何定罪？是侮辱还是诽谤？

2014年9月7日，汕尾中院对蔡某犯侮辱罪一案进行公开宣判，维持了一审以侮辱罪判处被告人蔡某有期徒刑一年的判决，一度沸沸扬扬、颇具争议的广东“人肉搜索”第一案定纷止争。

广东的这一判决，得到了业界的广泛认可。最高法要求汕尾中院撰写案例材料并上报，一个月后，最高法发布《关于审理利用信息网络侵害人身权益民事纠纷案件适用法律若干问题的规定》，广东“人肉搜索”第一案成为了与之配套推出的一宗指导性判例。社会上也开始有所反思，有学者认为，对于同为“90后”的店主和死者，一方对“网络暴力”的失控预估不足、超出个人想象；一方因为毫无社会经验，面对“网络审判”束手无策，直至绝望，加上个人性格等因素最终酿成命案。问题的根源是，双方都缺乏法律意识，不懂得用法律武器保护自身合法权益，值得人们反思。

在信息时代，“人肉搜索”是一把双刃剑，如果使用恰当，可以为人民的生活提供便利，能够结合群众力量和集体智慧来解决问题，同时也能为发挥人民群众的言论自由提供更广阔的平台，为监督公权力行为提供渠道。但如果使用不当，网络信息提供变成了网络暴力，网络监督就变成了私刑的化身，所以应该为“人肉搜索”画好警戒线，才能够更好地保障人民的权利，维护人民的自由。(资料来源：

《南方日报》2015年1月15日)

四、实践教学过程中应注意的问题

(1)公共生活是人们社会生活的重要组成部分，有序的公共生活对于构建和谐社会、促进经济社会发展、提高社会成员生活质量、提升国家现代化和文明程度具有重要意义。实践教学中，注重引导学生深化对公共秩序重要性的认识，提高维护公共秩序的积极性和主动性。

(2)社会公德是人们在社会交往和公共生活中应当遵守的行为准则，是维护社会成员之间基本社会秩序、保证社会和谐的最起码的道德要求。实践教学中，要通过多种方式引导学生从现在做起，从小事做起，严格遵守和自觉践行社会公德。

(3)公共生活中法律规范与社会公德相比既有国家强制性，又有普遍约束力。实践教学中引导学生了解《治安管理处罚法》、《集会游行示威法》、《道路交通安全法》、《环境保护法》、《维护互联网安全的决定》等相关法律，自觉维护公共生活的正常秩序。

专题八　家庭事业　以德为本

一、知识点

1. 职业生活中的道德规范。
2. 职业生活中的法律规范。
3. 大学生的择业和创业。
4. 大学生的恋爱观。
5. 家庭美德的主要内容。
6. 婚姻法的主要内容。

二、实践教学目的和要求

爱情与事业，是人的一生中密切相关的两个重要方面。爱情给人以美好的生活，事业给人以前途和光明。

本专题实践教学，旨在帮助大学生正确认识职业生活中道德规范和法律规范，树立正确的择业观和创业观，培育科学的职业精神；掌握婚姻家庭生活中的道德规范和法律要求，培养健康的恋爱婚姻观，为追求幸福生活奠定基础。

三、实践教学方案

【方案1】观看视频，撰写体会

职业道德是指从事一定职业的人在职业生活中应当遵循的具有职业特征的道德要求和行为准则。在讲授职业道德规范时，组织学生观看“2014年度国家最高科学技术奖”获得者于敏的相关视频，结合所学专业，以“爱岗敬业　服务社会”为题撰写体会，帮助学生深刻把握职业道德的主要内容，为未来的职业生活提供有力支撑。

【资料】中国氢弹之父于敏事迹

于敏，中国科学院学部委员（院士），89岁，核物理学家，国家最高科技奖获得者。

在中国核物理的几位开创者中，于敏是唯一一位没有留学背景的人。在氢弹的理论探索中，于敏几乎从一张白纸开始，依靠自己的勤奋，举一反三。克服重重困难，自主研发，解决了氢弹研制中的一系列基础问题。1967年，中国完成了氢弹核爆实验。从原子弹到氢弹，中国只用了两年零八个月，这是世界上最快的速度。在氢弹研制过程中，于敏提出了从原理到构形基本完整的设想，成为中国氢弹研制中的关键人物。

从60年代开始，于敏放弃了个人热爱的基础物理专业，此后30年一直隐姓埋名，于敏一生只有两次公开露面，一次是1999年，国家为两弹一星元勋授奖，另外一次是2015年1月9日，国家科技奖颁奖，于敏成为最高科技奖的唯一获得者。

【方案2】举案说法——学法用法 依法维权

职业活动中的法律规范对我们的职业活动起着重要的指导和保护作用。在讲授"职业生活中的法律"时，围绕学生比较关心的问题，选择日常生活中具有一定代表性、普遍性、典型性的案例，进行系统地分析和解答，帮助学生增强解决实际问题的能力，调动学生学法用法，依法维权的积极性。

【资料1】劳动合同中"工伤概不负责"条款无效

2013年2月，某装饰公司招用李某为装饰工，在双方签订的书面劳动合同中有"如发生工伤，装饰公司概不负责"条款。2013年12月17日，某装饰公司指派李某等五人到某居民区从事装饰工作。在工作中，李某不慎从梯子上摔下受伤，住院治疗15天。2014年1月，李某向社会保险行政部门提出工伤认定申请，社会保险行政部门认定李某所受伤害为工伤。

某装饰公司不服该工伤认定结论，向法院起诉要求撤销该工伤认定结论。装饰公司认为，劳动合同中的"如发生工伤，装饰公司概不负责"条款是双方当事人的真实意思表示，双方均签字认可，具有法律效力。约定该条款的目的是为了增加职工在工作的谨慎注意义务，防止意外事故的发生。

法院经审理认为，某装饰公司招用李某为装饰工，双方形成合法的劳动关系，李某在工作时间、工作地点、因工作原因发生事故伤害，应当认定为工伤。《劳动合同法》第26条规定，用人单位免除自己的法定责任，排除劳动者权利的条款无效。"如发生工伤，装饰公司概不负责"条款明显是用人单位免除自己的法定责任，排除劳动者权利的条款，是无效条款，不具有法律效力。至于装饰公司所称在合同中约定该条款的目的是增加职工在工作的谨慎注意义务，防止意外事故的发生，也是不成立的，公司可以通过对职工进行安全教育或加大安全设施的投入来减少安全事故的发生。法院判决维持社会保险行政部门的工伤认定结论。（资料来源：《吉林工人报》2014 年 4 月 1 日）

【资料 2】试用期内“不胜任”企业须举证

随意规定试用期限、与同一人约定多次试用期。近日，连云港市开发区劳动争议仲裁部门接到不少有关试用期的投诉和咨询，占到投诉和咨询量的三分之一。相关劳动仲裁专家提醒，一些用人单位利用试用期大做文章，用各种方法逃避责任，这些行为侵害了劳动者的合法权益。

案例一：以调岗为由重复约定试用期

李先生于 2013 年 7 月大学毕业。同年 10 月，他进入连云港市开发区某食品公司从事产品销售工作，与单位签订了 3 年的劳动合同，合同约定试用期为 3 个月。但 3 个月的试用期满后，公司迟迟未与其谈转正的事情。2014 年 4 月，李先生找到公司人事部门，该部门负责人却告知，其不适合做销售工作，公司已决定将其调至行政部门任职，换岗需要重新安排 3 个月的试用期，试用合格后才能转正。李先生对此不解，随后来到开发区劳动争议仲裁部门咨询，寻求帮助。

案例二：试用期内“不胜任”须举证

王先生于 2013 年 12 月入职连云港市开发区某化工企业任营销总监，双方签订了为期 3 年的劳动合同，合同约定试用期为 4 个月。入职 3 个月后，公司出具了《解除劳动合同通知书》，以王先生未完成季度营销目标、不符合录用条件为由，解除了双方之间的劳动合同。2014 年 5 月，王先生向开发区劳动争议仲裁部门申请仲裁。

劳动争议仲裁部门认为，用人单位必须承担劳动者试用期内“不胜任”的举证责任。但本案中，用人单位未提交明确具体、合法有效的岗位说明书，双方的劳动合同也未就录用条件等进行约定，事后也未书面告知王先生该职务的岗位要求。企业称在招聘时双方已就录用条件达成口头协议，但王先生对此予以否认，单位未提交任何有效证据加以证明。

用工提醒：试用期可别成了“是非期”

目前，企业滥用试用期侵犯劳动者权益的现象比较普遍。对于什么样的岗位需要约定试用期，约定多长的试用期，以及根据什么来设定试用期限等，在实践中比较混乱。《劳动合同法》第十九条规定，劳动合同期限三个月以上不满一年的，试用期不得超过一个月；劳动合同期限一年以上不满三年的，试用期不得超过二个月；三年以上固定期限和无固定期限的劳动合同，试用期不得超过六个月。以完成一定工作任务为期限的劳动合同或者劳动合同期限不满三个月的，不得约定试用期。

与此同时，《劳动合同法》第十九条规定，同一用人单位与劳动者只能约定一次试用期。再次约定的试用期不具有法律效力。若用人单位在第一次签订书面劳动合同时未与劳动者约定试用期，第二次续签的劳动合同不能再约定试用期。

一些用人单位在试用期内随意解雇劳动者，严重侵害劳动者的合法权益。《劳动合同法》第三十九条规定，劳动者在试用期内被证明不符合录用条件的，用人单位才有权解除劳动合同。劳动者在试用期内存在严重违纪、失职、劳动合同无效等法定解除情形的，用人单位才可依法解除劳动合同。（资料来源：《江苏工人报》2014 年 11 月 17 日）

【方案 3】主题讨论——转变观念　迎接就业新挑战

好工作都去哪儿了？这恐怕是当前高校毕业生的共同感受。严峻的就业形势，是大学生必须面对的现实。在讲授“大学生的择业和创业”时，组织开展“转变观念　迎接就业新挑战”主题讨论，引导学生正确认识当前我国的就业形势及其形成原因，帮助学生树立正确的择业观和创业观。

【资料 1】

2014 年 12 月 10 日，教育部发布《关于做好 2015 年全国普通高等学校毕业生就业创业工作的通知》，要求各高校建立弹性学制，允许在校生休学创业。

大学生休学创业，真是大学生一条“出路”吗？同学们可以发表一下自己的看法。

【资料 2】大兴安岭贫苦学子何家南——不停奔跑的男孩

这是一个真实的故事，故事中的主人翁是一位来自大兴安岭的贫苦的小伙子，他的名字叫何家南。何家南的父亲四处求借来的 4535 元，让他能踏上梦寐以求的大学校园。也许他知道这些钱只能够他交学费，生活费对于他来讲还不知道在何方。可是坚强的他还是勇敢地怀揣着自己的梦想踏入大学的校门，开始了他的大学生活。

当父亲叹着气，颤抖着手将四处求借来的 4533 元递给他的那一刻，他清楚地明白交完 4100 元的学费、杂费，这一学期属于他自由支配的费用就只有 433 元了！他也清楚，老迈的父亲已经尽了全力，再也无法给予他更多。“爹，你放心吧，儿子还有一双手，一双腿呢。”强抑着辛酸，他笑着安慰完父亲，转身走向那条弯弯的山路。转身的刹那，有泪流出。

穿着那双半新的胶鞋，走完120里山路，再花上68块钱坐车，终点就是他梦寐以求的大学。到了学校，扣除车费，交上学费，他的手里仅剩下可怜的365块钱。5个月，300多块，应该如何分配才能熬过这一学期？看着身边那些脖子上挂着MP4，穿着时尚品牌的同学来来往往，笑着冲他打招呼，他也跟着笑，只是无人知道，他的心里正泪水汹涌。饭，只吃两顿，每顿控制在2块钱以内，这是他给自己拟定的最低开销。

可即便这样，也无法维持到期末。思来想去，他一狠心，跑到手机店花150块买了一部旧手机，除了能打能接听外，仅有短信功能。第二天学校的各个宣传栏里便贴出了一张张手写的小广告："你需要代理服务吗？如果你不想去买饭、打开水、交纳话费，请拨打电话告诉我，我会在最短的时间内为你服务。校内代理每次1元，校外1公里内代理每次2元。"

小广告一出，他的手机几乎成了最繁忙的"热线"。一位大四美术系的师哥第一个打来电话："我这人懒，早晨不愿起床买饭。这事就拜托你了！""行！每天早上七点我准时送到你的寝室。"他兴奋地刚记下第一单生意，又有一位同学发来短信："你能帮我买双拖鞋送到504吗？41码，要防臭的。"

他是个聪明的男孩。入校没多久，他便发现了一个有趣的现象：校园里，特别是大三大四的学生，"蜗居"一族越来越多。所谓"蜗居"就是一些家境比较好的同学整日缩在宿舍里看书、玩电脑，甚至连饭菜都不愿下楼去打。而他又是在大山里长大的，坑洼不平的山路给了他一双"快脚"。上五楼六楼也就是一眨眼的事。当天下午，一位同学打来电话，让他去校外的一家外卖快餐店，买一份15元标准的快餐。他挂断电话，一阵风似地去了。来回没用上10分钟。这也太快了！那位同学当即掏出20块钱，递给他。他找回3块。因为事先说好的，出校门，代理费2元。做生意嘛，无论大小都要讲信用。

后来就冲这效率这信用，各个寝室只要有采购的事，总会想到他。能有如此火爆的生意，的确出乎他的意料。有时一下课，手机一打开，里面便堆满了各种各样要求代理的信息。

一天下午，倾盆大雨哗哗地下，手机却不失时机地响了，是位女生发来的短信。接到信息，他一头冲进了雨里。等被浇成"落汤鸡"的他把雨伞送到女生手上时，女生感动不已，竟然给了他一个温暖的拥抱！那是他第一次接受女孩子的拥抱！他连声说着谢谢，泪水止不住的涌出。

随着知名度的提高，他的生意越来越好，只要顾客需求，他总会提供最快捷最优质的服务。仿佛是一转眼，第一学期就在他不停地奔跑中结束了。

寒假回家，老父亲还在为他的学费发愁，他却掏出1000块钱塞到父亲的手里："爹，虽然你没有给我一个富裕的家，可你给了我一双善于奔跑的双腿。凭着这双腿，我一定能'跑'完大学，跑出个名堂来！"

转过年，他不再单兵作战，而是招了几个家境不好的朋友，为全校甚至外校的顾客作代理。代理范围也不断扩大，慢慢地从零零碎碎的生活用品扩展到电脑配件、电子产品。等这一学期跑下来，他不仅购置了电脑，在网络上拥有了庞大的顾客群，还被一家大商场选中，做起了校园总代理。奔跑，奔跑，不停地奔跑，他一路跑向了成功。

他说，大学四年，他不仅要出色地完成学业，还要赚取将来创业的“第一桶金”。他把“第一桶金”的数额定为 50 万元。他的名字叫何家南，一个从大兴安岭腹地跑出，径直跑进省师范大学的大三学子。

如今虽然做了校园总代理，可他依然是他，依然是那个朴实、勤快、为了给顾客打一壶开水赚取 1 元代理费，而像风一样奔跑的大男孩！

如果是你，怎么办呢？你会像其中主人翁那样，还是抱怨父母及社会呢？（资料来源：80 后励志网 2014 年 8 月 3 日）

【方案 4】大学生恋爱观问卷调查

为了更好地了解学生对恋爱、婚姻的认识，开展问卷调查，了解大学生恋爱的现状、特点及其影响，引导大学生端正恋爱态度，处理好爱情和学习的关系，树立积极、健康的恋爱观。

【资料】大学生恋爱观调查问卷

1. 您现在的恋爱状况是(　　)。
   A. 正在热恋中
   B. 不准备在大学阶段谈恋爱
   C. 曾经有过恋爱的经历
   D. 处于观望阶段，一旦有了合适的也可以考虑
2. 您的恋爱次数(　　)。
   A. 0 次　　B. 1 次　　C. 2 次　　D. 3 次或 3 次以上
3. 您对恋爱的理解是：(　　)。
   A. 选择终身伴侣，婚姻的前奏
   B. 是为了排解空虚和寂寞，没有过多考虑将来
   C. 是为将来的事业做跳板
   D. 不必考虑太多，跟着感觉走就行
4. 遇到喜欢的人，您会主动追求吗？(　　)
   A. 觉得不好意思，静观而已　B. 会有所暗示
   C. 会大胆、主动追求　D. 视喜欢程度而定
5. 如何看待“女追男”现象？(　　)

A. 可以接受，遇到真爱就应该勇敢追求，不论性别，都有追求爱的权利
B. 可以理解，但我无法接受
C. 无所谓，谁追谁都一样
D. 不能理解，男追女才是天经地义

6. 你能接受姐弟恋么？(　　)
A. 缘分来了，什么都可以　　B. 可以尝试
C. 无所谓　　D. 不能接受

7. 您对大学生公共场合的亲密行为有什么看法？(　　)
A. 反对，有损形象，有伤风化　十分不文明
B. 赞同，很正常，那才是恋爱嘛
C. 欣赏他们的勇气，但是自己不会这么做的
D. 我认为不合适，但是这是别人的私事，我们管不着。可能是情不自禁，自己注意就行了

8. 您认为您每月的恋爱消费是多少可以承受？(　　)
A. 100 元以下　　B. 100~300 元
C. 300~500 元　　D. 500 元以上

9. 你忍受不了异性哪些方面？(　　)(可多选)
A. 不孝顺　　B. 花心　　C. 虚荣心强　　D. 没有责任感
E. 没有上进心　　F. 斤斤计较　　G. 不爱卫生、邋遢　　H. 做作
I. 其他

10. 当恋爱双方产生矛盾时，您会(　　)。
A. 因为爱对方而让步，不管他(她)是对是错　　B. 看情况
C. 绝不退让　　D. 其他

11. 假如您失恋了，您会怎样与过去恋人相处呢？(　　)
A. 依然相信爱情，以后继续做好朋友　　B. 从此形同陌路
C. 会很尴尬　　D. 说不清楚

12. 您觉得恋爱会或者已经对你的学习和生活造成了怎样的不良影响？(　　)
A. 和朋友变得疏远　　B 浪费了很多时间
C. 增加了消费开支　　D. 失去了很多自由
E. 其他

13. 您觉得恋爱会或者已经对你的学习和生活带来了哪些正面的影响。(　　)
A. 产生动力，促进学习
B. 陶冶情感，丰富精神生活
C. 学会关心、呵护别人，剔除私心，健全人格的发展
D. 其他

14. 恋爱和学习冲突的时候，您会(　　)。

A. 以学习为重　　　　　B. 学习诚可贵，爱情价格高

C. 尽量让两者平衡　　　D. 不清楚

15. 您认为恋爱和学业之间有何关系？(　　)

A. 二者不可兼得，谈恋爱肯定影响学习

B. 爱情是动力，促进学习

C. 没有必然联系

D. 没概念

【方案5】开展“敬老孝亲”主题感恩教育活动

尊老爱幼、敬老孝亲是中华民族的优良传统，是家庭美德的重要内容。在讲授这一内容时，组织学生开展“敬老孝亲”主题感恩教育活动，使学生懂得知恩、感恩，不断增进父母亲情，主动承担家庭责任，为构建和谐家庭贡献力量。

【活动一】编演“敬老孝亲”家庭情景剧

以“弘扬家庭美德、倡导敬老孝亲”为主题，围绕家庭生活中的孝道、敬老、劝学、向善、励志等内容，以学生班级或宿舍为单位，组织学生广泛开展家庭生活情景剧自编、自导、自演、自评活动，并评选优秀剧本、典型台词、最佳角色、最棒道具等，遴选优秀作品参加课堂展演，其中剧本具体要求为：第一，必须有故事情节、特定人物身份，剧中人物要有对白；第二，必须有具体场景；第三，要体现服装及道具设计。通过情景剧这种体验式教育，使学生加深对感恩父母、感恩家庭、感恩亲情的理解。

【活动二】开展致家长的一封信——“亲情倍增”活动

1. 围绕“爸爸、妈妈，辛苦了”、“爸爸、妈妈，生日快乐”、“爸爸、妈妈，我在学校挺好的”等主题，每名学生手写一封家书。要求在问候家长的同时，详述在校学习、生活、成长情况，信件要内容真实、感情真挚，层次清晰、有感染力。通过活动，加深真情传递、促进情感交流。

2. 收集家长回信，并由全班学生从中选出最具亲情、最佳励志、最为感人等类型的父母回信，通过学生本人课堂(节选)朗读，使家庭亲情感染、鼓舞、激励全班同学，达到“亲情倍增”的目的。

【活动三】社会实践活动——“我和同学换爸妈”

根据学校教学安排，利用寒暑假、节假日等重要时间节点，安排学生进行“我和同学换爸妈”大型亲情体验活动，全面感受不同家庭环境、不同生活背景下的父

母亲情，使学生触发感恩父母的真情实感。学生实践结束一周内提交实践报告，成绩纳入思想政治理论课社会实践考评体系。

1. 时间安排：整个寒假约 35 天或整个暑假约 45 天，或择取其中不少于 7 天；或利用小长假 3~7 天时间。

2. 实践对象：全体学生。可以采用两两互换或交叉互换等形式。

3. 互换原则：互换同学家庭应遵循地域差异、家庭经济条件差异、城乡差异、生活背景差异等原则，从强烈反差对比中体验“相同”父母亲情。

4. 安全保障：通过制定安全预案、购置人身保险、加强通讯联络、指导(任课)教师督导等方式保障实践学生人身财产安全。

【活动四】观看微电影《父亲是个农民工》

一切情感在感情的召唤下都变得微不足道，父母把我们养大成人，送给天底下亲爱的爸爸妈妈，祝你们身体健康，年轻的我们结个婚还要父母出钱出力，你有什么理由理所当然地向父母要钱要房子，父母没有时就自己努力创造！献给伟大的父亲。

【方案 6】案例分析——遵守婚姻法规，保护幸福婚姻

婚姻法是调整一定社会的婚姻关系的法律规范的总和，是一定社会的婚姻制度在法律上的集中表现。在讲授这一问题时，通过下列案例进行分析，使学生深刻理解婚姻法的基本内容，保护合法的婚姻家庭，维护社会的和谐稳定。

【资料 1】登记结婚身份作假，属有效婚姻吗?

近日，一名男子在向法院起诉离婚后，竟发现共同生活十余年的妻子不是自己的合法妻子，自己的婚姻也不一定有效，这到底是怎么回事呢?

2004 年，王某与刘某走入婚姻的殿堂，近几年两人的感情每况愈下，2014 年 11 月，刘志军起诉至枞阳县人民法院要求离婚。

案件受理后，承办法官本以为只是一起普通的离婚案件，然而，庭审中，承办法官发现，结婚证上王红的照片虽是其本人，但结婚证上的姓名、身份证号均与王红本人的身份信息不符。原来，当年王红和刘志军结婚时，因没有达到法定婚龄，王红便瞒着刘志军，偷偷用了其姐姐的身份证办理了结婚登记，其姐现已远嫁他乡。

那自己的婚姻是否合法？如果王某不是自己的妻子，还有没有必要起诉离婚?对此，刘某感到非常困惑。

法院审理认为，根据《婚姻法》的规定，法院撤销婚姻的法定情形只有一种，即一方受到胁迫而不得已登记结婚的。此案当事人并未受到胁迫，双方登记结婚完全是自愿的。因此该婚姻既不能宣告无效，也不能撤销。

在这起案件中，双方系自愿登记结婚，并亲自办理了结婚登记，现均早已达到法定婚龄，且不具有禁止结婚的情形，完全符合结婚的实质要件，双方系登记婚姻实质主体，并各自履行自己的权利和义务，其结婚证虽然存在一定瑕疵，但不能因此否定婚姻的效力，应认定为有效婚姻。

3 月 2 日，最终经法院调解，双方调解离婚，和平分手。

【资料 2】普法小知识

无效婚姻的情形

依据我国《婚姻法》第 10 条的规定，无效婚姻的情形包括以下几个方面：

(一)重婚的。

依照目前我国刑法及司法解释的规定，重婚有两种情形：一是有配偶者又与他人登记结婚，或者明知他人有配偶而与之登记结婚；二是有配偶者与他人以夫妻名义同居生活形成事实婚姻关系。

(二)有禁止结婚的亲属关系的。

也即直系血亲和三代以内的旁系血亲，直系血亲，即父母子女之间，祖父母、外祖父母与孙子女、外孙子女之间等一切直系血亲，不受世代多少的影响，也不论是婚生或非婚生的。三代以内的旁系血亲即与己身出自同一父母或同一祖父母、外祖父母的血亲，除直系血亲外，均为三代以内的旁系血亲。

(三)婚前患有医学上认为不应当结婚的疾病，婚后尚未治愈的。

(四)未到法定婚龄的。

根据我国婚姻法的规定，结婚年龄，男不得早于二十二周岁，女不得早于二十周岁。凡具备以上情形之一的，婚姻无效，也即婚姻关系自始无效，不产生法律上的婚姻关系。

四、实践教学应注意的问题

(1)遵守职业活动中的道德和法律，是现代社会持续、健康、有序发展的必要条件。大学生职业道德素质与法律素质的培养，既是一个理论学习的过程，更是一个行为养成的过程。实践教学中应该注重将道德和法律的基本要求内化为学生自身的素质，并体现在未来的职业生涯中。

(2)面对当前严峻的就业形势，要求大学生树立正确的择业观和创业观。实践教学中注意引导学生转变就业观念，根据自身情况和社会需求择业创业，实现人生价值。

(3)针对大学生恋爱的现状与问题，在实践教学中引导大学生树立健康的恋爱观，自觉承担责任，处理好恋爱中的各种关系，促进自身全面发展。

专题九 明法守法 身体力行

一、知识点

1. 法律的概念及其历史发展。
2. 我国社会主义法律的作用。
3. 我国社会主义法律的运行。
4. 中国特色社会主义法律体系。
5. 社会主义法律权威。

二、实践教学的目的和要求

法律是社会生活中最基本的活动规范，是每一个公民必须遵守的社会规则，也是保护自身权益的重要依据。掌握一定的法律知识，是参与社会活动的重要前提。

本专题实践教学，旨在使大学生正确理解法律及其在社会生活中的作用，领会法律精神；掌握我国社会主义法律的运行，增强法律应用能力；进一步对我国社会主义法律体系有一个整体把握，切实维护法律权威，全面推进依法治国。

三、实践教学方案

【方案 1】撰写心得体会——分享法律知识　畅谈法律魅力

在讲授法律的一般含义时，组织学生观看视频《法律是什么》和阅读采访对话《法律究竟是什么?》后，撰写一篇心得体会，谈谈对法律的认识，使学生懂得法律与人们的生活息息相关，是人们的为人处世之方，待人接物之法，安身立命之道，从而增强学习法律的兴趣。

【资料 1】视频资料：网易公开课——“法律与现代生活——法律是什么”。

【资料2】法律究竟是什么?(节选)

——《民主与法制》总编辑刘桂明与江苏省委政法委副书记朱华仁对话录

一个老话题：美国辛普森案件为什么会让人津津乐道?

朱书记，那您了解美国的辛普森案件吗?

朱：当然了解，我觉得辛普森案中那些警察就是不懂法律，现有证据已经完全能够证明他杀人，没有必要在取证上画蛇添足啊！后来因为控方取证不合法，导致全部证据被推翻。尽管辛普森案最后的宣判引起了美国全国轰动，但美国人很快就镇定下来了。原因就在于：第一，只要是抓错了人就一定要放人；第二，这是美国民主法治所付出的必然代价；第三，也有人质疑陪审团，但实际上陪审团是有道理的。因为他们认为警察证据取证不合法，就有可能侵害公民的权利。所以说，美国人的法律意识实在太强大了，一下子就使全国的质疑乃至反对全部安静下来了。

刘：依我看，美国人还有一个共识：法律的判决我们要服从。无罪判决的作出，导致我们在刑事上对辛普森这样的人无法进行处罚。但是，法律又给了我们一种选择的可能性，那就是可以追究他的民事责任。在刑事法律中，证据只要有合理怀疑，我们就可以依法宣告无罪。但是，在民事审判中，只要51%以上的证据没有合理怀疑，就可以追究其民事责任，判决其予以民事赔偿。

……

一个新论题：法律体系已经形成之后的法律文化建设怎么办?

刘：社会主义法律体系的已经形成，是我们改革开放30年、法制建设30年的重要成果。请问朱书记，在未来的依法治国进程中，法律文化建设应该如何建构?

朱：我认为，我国的法治建设阶段可以分为三个阶段：第一是有法可依阶段，要建立法律体系。第二是有法必依阶段，要用一段时间确立有法必依的理念，确立法律权威，要真正通过宣传教育各个方面强化执法，使法律确立权威性。第三是公民社会阶段，要逐步确立公民社会，把公民诉求渠道疏通，建立健全社会组织。我们既然强调自治，通过工人工会、行业协会，还有基层组织村委会、居委会，通过这些社会组织来保障这些弱势群体的声音变强，解决实际问题。

我们现在还要强调，依法行政、公正司法，对公权力进行制约。这是法治的基本出发点。我觉得现在国家权力集中主要集中在这两个部门：一个是政府部门、一个是司法部门，也就是行政司法权和执法权。“三项重点工作”中就有公正廉洁司法，我们在公正司法上面做了一些规范要求。我们现在做一个全省(每个市搞两个院)的全面检查，就是检查我们的规范化建设，看看执法规不规范。还要搞案件评审，看看办案是不是公正。还有一个就是我们对重点案件进行督察，对一些影响很大的案件要进行重点督察。再有我们现在还有一个重点，就是抓一个基础性工作，那就是普法。

在普法中，我们强调抓法治文化建设，我觉得现在我们的法治文化建设太重要了，一方面法治文化建设工作要有文化来滋养和提升，另一方面这个法治光靠学习法律条文那是不科学的，让每个老百姓都来学习法律条文怎么有可能性呢？我既不是做律师又不是法律工作者，而且法律条文又比较晦涩不好理解，所以老百姓的普法要靠法律文化建设，要潜移默化，要靠整个社会文化的建设。公平正义，诚实守信，老老实实做人，规规整整办事，要通过这些东西来影响他。对领导干部来说，让老百姓去学习具体法律条规是不可能的，当然是法律意识更重要。一件事情合不合法，有没有可行性要有意识去考虑相关法律问题，去找律师咨询。考虑问题要在法律范围之内，这个法律意识很重要。因此对广大老百姓来说，法律意识比法律条文更重要。

你说美国是不是法治国家？是啊！但是你看他们的老百姓都懂他们的法律吗？显然这是不可能的，我们讲的不懂法是不懂法律条文、是狭义的法律，但公民共同遵守法律的理念和意识是有的。因此我们现在要在这方面下功夫，大搞一些法治文化建设。那些文化创作、法治公演、法治一条街等，看起来都是表面上的、形式上的东西，但他们营造了一个法治氛围，逐步在公民头脑中形成了一个意识，那就是要依法办事。我们要从这些形式上的东西带动实质上的进步，不能单搞形式主义，但这种形式在初期还是需要的，要逐步从形式上脱离出来，确实把老百姓法律意识提高。

我们现在搞了一系列活动，比如法律论坛、文化交流、法律研究。近期内，我们宣传法律是需要的，一些形式作为载体还是需要的，而目的就是逐步提高老百姓的法律意识。法律文化不在法律条文当中，实际上是更高层次的标准。在法律宣传上，国家不能局限于普法。普法有一定局限性，某种程度上很难实现。只有法律文化才能搞起来，教育公民有守法，做事要凭良心，做事要有共性，即公平，能摆得平。现实中的做法很少见效，最大的问题还是公检法有待加强和提高，要下大功夫，在依法行政、公正执法，对公权力的资格上考察。

刘：尊敬的朱书记，请允许我对您今天上午的谈话做一个小结。在我看来，今天您的谈话主要谈了 4 个问题：

第一，法律是一种意识。意识往往能够锻炼我们的思维。法律意识的前提是法律常识，而法律常识的深化就是普法。所以，普法的内容看起来都是条文，但往深处看实际上都是意识。您刚才所列举的有关美国的例子说明，一些不懂法律的美国人之所以也能对案子的结局做出正确的判断，是因为法律已经被普及为一种常识。

第二，法律是一种规则。法律往大了说是一种制度，往小了说其实就是一种规则。平常我们在生活中常说要讲“游戏规则”，这个规则就可以理解成法律在生活中的反应和体现。但是，您的谈话告诉我们，一方面我们要按规则办事，也就是要依法办事；另一方面我们在改革过程中要敢于打破常规，完善规则。对于这两个方面，我们如何平衡，既是重点，也是难点。

第三，法律是一种艺术。我很高兴地听到，您讲到了自由裁量权的问题。如何把握政治效果、法律效果、社会效果之间的平衡；如何让法官在适用法律时独立地、中立地从自己内心确信出发去进行自由裁决，应当是我们追求的一个目标。今天第一次听到一个党政官员对法律做了如此精确的表述；第一次听到一位政法领导对法官自由裁量权提出不要过多地干预；第一次听到一位党委政法委副书记对能动司法提出了自己独特的看法。我相信，许多法官、检察官乃至律师将非常赞成您的观点。尤其是您讲到司法能动既是一种意识，更是一种艺术。无论是法制意识还是艺术，我们都要把握三个效果的统一，更重要的是要把握公共意义和个人意义，眼前意义和未来意义，强者意义和弱者意义等之间的平衡关系。

第四，法律是一种文化。根据我个人的理解，为什么您说法律是一种文化？我认为，您从以下5个方面作了表述：首先，法律是一种事实的表达，就是说我们要让他说话，或者让有人代他说话的"表达权"；其次，法律是一种对公权力的限制；再次，法律是一种公权力的平衡，包括经济和法律、农村和城市之间的平衡；另外，法律是一种管理的层次，我们讲创新一定要讲什么是创新，又是如何在我们的工作中真正体现出创新；最后，法律是一种公正执法理念。让我感触最深的是您谈到第三与第四个方面。总而言之，既然是一种文化，那就说明法律已经成了一种人所共知的常识、一种已经进入脑海深处的意识、一种人人知晓并遵守的规则、一种法官完全凭借自己对法律的信仰及自己的内心确信作出判断的艺术。更简单地说，法律已经成了一种价值观念、规则理念、文化氛围。

朱：对，我正是这样想的。感谢您把我的想法概括得更加明确，更加准确了！

刘：我觉得您这样的政法界领导，已经不仅仅是一个有政治思维、经济意识的领导了，而是一位法律意识、法律思维的领导了。

朱：我再强调一下为什么说法律是一门艺术。什么规定都怕规范得很死，包括前一段时间所做出的规定。我们一定要尊重法官的裁判权，不能随便地、人为地去限定法官。如果规定这个行，规定那个不行，就不符合法律的性质。法律尊重法官自己把握的权力，不能过分规范。陈燕萍法官这个典型就树得很好，因为陈燕萍跳出了法律条文，让法律精神与当事人感情发生了有机的联系。我不赞成我们现在对很多问题用量化的标准去衡量或把握，特别是法律方面，如平安建设、综合治理搞了很多量化的标准，比如"每地段要5个保安、10个探头"。如果3个保安、8个探头就可以解决问题，为什么就不行了呢？如果量化标准不科学，最终的结果往往适得其反。（资料来源：正义网2014年9月2日）

【方案2】分组讨论——透视典型案例　指导自身行为

在讲授法律规范的作用时，结合"演员房祖名涉嫌容留他人吸毒被公诉"典型案例或其他典型行为，组织学生分组讨论，形成小组意见，由小组代表发表观点。

引导学生认识法律规范的指引作用、预测作用、评价作用、强制作用、教育作用，从而养成依法办事的习惯。

【资料】演员房祖名涉嫌容留他人吸毒被公诉

北京市东城区人民检察院22日以涉嫌容留他人吸毒罪对陈祖明(别名：房祖名)提起公诉，北京市东城区法院当日经审查，认为符合立案受理条件，已受理此案。

今年8月14日，北京警方在北京市东城区将陈祖明、柯震东及助理孙某等多名涉毒人员查获。随后，陈祖明因涉嫌容留他人吸毒罪被刑事拘留，柯震东因吸食毒品被行政拘留。经初步审查，陈祖明、柯震东承认了吸食毒品大麻的违法行为。警方随后在陈祖明住所内缴获毒品大麻100余克。

9月10日，北京市公安局东城分局以陈祖明涉嫌容留他人吸毒罪提请北京市东城区检察院审查批捕。

今年以来，北京市司法机关已办理多起演艺界人士涉毒案件。今年5月27日，歌手李代沫被北京市朝阳区法院以容留他人吸毒罪判处有期徒刑9个月，罚金2000元。7月，演员张默因涉嫌吸毒被警方抓获，9月4日，北京市海淀区检察院以涉嫌容留他人吸毒罪对张默批准逮捕。

根据我国刑法规定，对于容留他人吸食、注射毒品的，处三年以下有期徒刑、拘役或者管制，并处罚金。(资料来源：新华网北京12月22日)

【方案3】视频观看——《今日说法——罪名的变迁》

在讲授法的制定和中国特色社会主义法律体系时，组织学生观看《今日说法——罪名的变迁》，了解我国《刑法》，制定及修订方面的变化，并在此基础上结合党的十八届四中全会精神，引导学生了解新时期我国立法的发展变化，提高学生参与民主立法活动的积极性。

【资料】2014年12月4日《今日说法——罪名的变迁》内容简介

流氓罪、投机倒把罪曾经使用率很高，《刑法》修订，罪名消失。“囚歌王子”迟志强也曾因流氓罪被判入狱。1979年我国修订《刑法》，流氓罪消失，取而代之的是聚众斗殴罪、寻衅滋事罪、聚众淫乱罪。《刑法》历经多次修订，立法者关注民生，依法治国，以民为本。

【方案4】主题演讲——树立法律信仰　维护法律权威

在讲授社会主义法律权威时，组织学生在对“聂树斌案”分析的基础上，开展以“树立法律信仰　维护法律权威”为主题的演讲活动，引导学生真正认同和信任法律，推动全社会形成尊重和维护法律权威的良好风尚。

【资料】聂母张焕枝：聂树斌案复查感受到了司法进步

新华网石家庄2014年12月13日新媒体专电(齐雷杰　朱峰)“9年来，我每个月至少去一趟河北省高院，要求重审聂树斌案、要求高院允许律师阅卷。现在，终于等到了最高法院指定山东高院复查，并保障律师阅卷权力，总算向前推进了一步。”面对前来采访的记者，聂树斌的母亲张焕枝说，12日晚得知相关消息，非常高兴，切身感受到了我国司法的进步。

12日晚，河北省高级人民法院官方微博发布消息，表示聂树斌故意杀人、强奸一案案情重大复杂、备受社会关注，公众也有异地复查的呼声，为回应社会关切，河北省高级人民法院请求最高人民法院指令其他法院复查此案。最高人民法院经研究已将聂树斌案指令山东省高级人民法院复查。同时，转发最高人民法院官方微博消息：最高人民法院已责成山东高院根据复查工作进展情况通知律师阅卷，依法保障律师阅卷、提出代理申诉意见等诉讼权利。

2005年1月，河南省荥阳警方在当地抓获一名可疑男子，经审讯，这名男子供述称自己名叫王书金，河北省广平县人，曾强奸4名妇女并杀害3人，其中有“1994年曾在石家庄市西郊玉米地强奸杀害一名妇女康某”的内容。在移交给河北省广平县公安局后，王书金得知这桩案件早已侦破，“凶手”聂树斌已在10年前被执行死刑。王书金案的出现使聂树斌案重新受到高度关注，疑似“一案两凶”引发了舆论对聂树斌案司法公正性的质疑，成为社会一大热点话题。

张焕枝称，她年逾7旬，多年来坚持申诉、上访，只为“给被冤枉的儿子讨回清白”。当年，聂树斌从被警方控制到枪毙，只用了2个多月时间；法院庭审时，因案件涉及他人隐私，她和老伴都没有被允许旁听庭审；儿子被枪毙前，她和老伴都没能再见儿子一面，甚至儿子被枪毙了他们都不知道，直到老伴聂学生去给儿子送衣服，才得知儿子已“上路”了；聂树斌被枪毙后，家人都没拿到法院判决书；王书金案出现后，她走上漫漫上访路，9年来已不知去了省高院多少趟，历经艰难曲折。现在终于看到聂树斌案向前推动了一步。

13日，北京博审律师事务所律师刘博今与聂树斌母亲张焕枝签订代理协议，并表示近日将赴山东省高级人民法院要求调阅聂树斌故意杀人、强奸一案相关卷宗。现在聂树斌案由最高人民法院指令山东省高级人民法院异地复查，有利于排除各种干扰，查明事实真相。(资料来源：新华网2014年12月13日)

【方案5】法律知识竞赛——宣传法律　从我做起

结合“宪法日”普法宣传活动，组织“法律在我心中”知识竞赛，增加学生法律知识，提升学生法律意识，从而达到提高学生法律素质和宣传法律的目的。可以采取笔试或现场竞赛方式。

☞ 竞赛试题 ☜

一、单项选择题(每小题 1 分)

1. 现代社会不仅需要法律这种社会规范，而且还需要道德、习俗等其他社会规范。这表明(　　)。

A. 法律的起源与道德有关

B. 有些法律规范是由社会习俗演化而来的

C. 法律规范和其他社会规范的表现形式不同

D. 法律不是唯一的调整人们行为的社会规范

2. 民间故事《铡美案》中，驸马陈世美被依法处决。这一法律现象表明(　　)。

A. 法律是公共意志的反映，具有超阶级性

B. 法律有时候也是被统治阶级将意志上升为国家意志的结果

C. 法律是统治阶级整体意志、共同意志的体现

D. 我国封建社会的法律也贯彻公民在法律面前人人平等的原则

3. 划分部门法的主要标准是(　　)。

A. 法律的调整对象　　B. 法律调整的方法

C. 法律的制定主体　　D. 法律的效力

4. 出租车司机甲送孕妇乙去医院，途中乙临产，情形危急。为争取时间，甲将车开至非机动车道掉头，被交警拦截并被告知罚款。经甲解释，交警对甲未予处罚且为其开警车引道，将乙及时送至医院。对此事件，下列哪一项表述是正确的？(　　)

A. 在此交通违章的处理中，交警主要使用了形式逻辑的推理方法

B. 警察对违章与否的解释属于“行政解释”

C. 在此事件的认定中，交警进行了法的价值判断

D. 此事件所反映出的价值之间没有冲突

5. 2014 年 6 月 1 日起施行中华人民共和国《食品药品行政处罚程序规定》，该规范性法律文件属于(　　)。

A. 法律　　B. 行政法规　　C. 行政规章　　D. 地方性法规

6. 经济基础决定法律意味着(　　)。

A. 经济的要求即是法律　　B. 法的产生由社会物质生活条件决定

C. 法没有相对独立性　　D. 法从经济关系中自动产生

7. 法和国家的一般关系是(　　)。

A. 法高于国家，是国家的基础　　B. 国家权力大于法，是法的根据
C. 二者互相依赖，互相支持　　D. 二者相互独立，互不依附

8. 人民代表大会制是我国的(　　)。
A. 国体　B. 政体　C. 政党制度　D. 政协制度

9. 命令性规范和禁止性规范，可合称为(　　)。
A. 授权性规范　B. 义务性规范　C. 委托性规范　D. 确定性规范

10. 调整平等主体之间财产关系和人身关系的部门法是(　　)。
A. 刑法　B. 民法　C. 经济法　D. 商法

二、多项选择题(每小题2分，在每小题列出的选项中有两个以上选项是符合题目要求的，请将正确选项前的字母填在题后的括号内。多选、少选、错选均无分。)

1. 下列关于宪法的表述，正确的有(　　)。
A. 具有最高法律地位
B. 具有最高法律权威
C. 具有最高法律效力
D. 制定和修改程序和其他法律一样

2. 法和执政党政策的重要区别是(　　)。
A. 阶级属性不同　　B. 实施的方式不同
C. 政策的灵活性大于法　　D. 政策要以法律为指导
E. 调整的范围不同

3. 属于经济法部门的法律有(　　)。
A. 公司法　B. 期货交易法　C. 预算法　D. 审计法
E. 市场秩序法

4. 关于法和道德之间关系的正确表述是(　　)。
A. 法与道德并无必然的内在联系　B. 法必须合乎所有社会成员的道德要求
C. 法与道德同属于社会上层建筑　D. 法的规范性程度比道德更高一些
E. 道德的调整范围小于法律

5. 法的规范作用能包括(　　)。
A. 指引作用　B. 评价作用　C. 预测作用　D. 强制作用
E. 教育作用

附参考答案：

单选题：1. D　2. C　3. A　4. C　5. C　6. B　7. C　8. B　9. B　10. B

多选题：1. ABC　2. BCE　3. ABCDE　4. CDE　5. ABCDE

【方案6】庭审旁听——旁听法院庭审 感受司法过程

在讲授法的适用(司法)时，组织学生到就近的法院参加案件的现场庭审，接触真实的法律生活，了解具体司法活动过程。使学生不仅体验庭审过程，对法律知识有更加生动和深刻的感性认识，而且更会震撼于法律的尊严，对法律、道德、人情有全新的思考，进一步增强对依法治国的理解和追求。

【方案7】法律小品秀

为宣传党的十八届四中全会精神，加强法治建设，组织学生举行以“弘扬法律 舞动青春”为主题的小品表演。让学生在参与小品剧的编演过程中，深化对法律的认识，提高自身的法律素养。

要求：

1. 每班一个作品；

2. 内容要贴近生活，积极健康向上。以宣传法律为主，以学法、用法、惩罚违法犯罪为题材；

3. 作品形式：可以选择小品、哑剧、幽默剧、滑稽戏等形式。

四、实践教学应注意的问题

(1)从法律发展史来看，法律是一种复杂的社会历史现象。实践教学中，引导学生透过各种法律现象，把握法律的本质，正确看待法律的社会作用。

(2)社会主义法律的运行是一个从创制、实施到实现的过程。实践教学中，使学生了解立法、守法、执法、司法等环节，把握社会主义法律体系建立健全的内在规律。

(3)中国特色社会主义法律体系是全面落实依法治国基本方略的前提和基础。实践教学中，引导学生正确理解中国特色社会主义法律体系的形成标志、构成和意义，增强对社会主义法律制度的认同感和维护法律权威的责任感。

专题十　倡以宪为本　建法治中国

一、知识点

1. 社会主义法治理念的基本内容。
2. 正确理解法治思维方式。
3. 权力制约和人权保障。
4. 正当程序。
5. 提升司法公信力。
6. 宪法。

二、实践教学目的和要求

党的十八届四中全会指出依法治国，是坚持和发展中国特色社会主义的本质要求和重要保障，是实现国家治理体系和治理能力现代化的必然要求。大学生不仅要学习法律知识，增强法律意识，更要弘扬宪法精神，树立法治理念，培养法治思维，形成法律信仰，成为法治建设有用人才。

本专题实践教学，旨在使大学生树立宪法意识，保障宪法实施；掌握我国社会主义法治理念的基本内容，自觉树立社会主义法治理念；培养法律至上、权力制约、人权保障、正当程序为基本要素的社会主义法治思维方式，提升运用法治思维分析和解决问题的能力。

三、实践教学方案

【方案1】社会实践——宪法日宣传活动

在12·4国家宪法日，组织学生参加宪法宣传活动。通过这项活动，使学生认识到宪法是国家的根本大法，是治国安邦的总章程，具有最高的法律地位、法律权威、法律效力，帮助学生树立宪法意识、增强宪法观念，自觉维护宪法尊严。

【资料 1】习近平在首个宪法日强调宪法是治国安邦的总章程

在首个国家宪法日到来之际，中共中央总书记、国家主席、中央军委主席习近平作出重要指示。

习近平强调，宪法是国家的根本法，是治国安邦的总章程，是党和人民意志的集中体现，具有最高的法律地位、法律权威、法律效力。我国宪法是符合国情、符合实际、符合时代发展要求的好宪法，是我们国家和人民经受住各种困难和风险考验，始终沿着中国特色社会主义道路前进的根本法制保证。

习近平强调，坚持依法治国首先要坚持依宪治国，坚持依法执政首先要坚持依宪执政。要坚持党的领导、人民当家做主、依法治国有机统一，坚定不移走中国特色社会主义法治道路，坚决维护宪法法律权威。

习近平强调，要以设立国家宪法日为契机，深入开展宪法宣传教育，大力弘扬宪法精神，切实增强宪法意识，推动全面贯彻实施宪法，更好发挥宪法在全面建成小康社会、全面深化改革、全面推进依法治国中的重大作用。(资料来源：《法制晚报》2014 年 12 月 4 日)

【资料 2】让宪法不能成为“闲法”(节选)

2014 年 10 月 23 日，中国共产党第十八届中央委员会第四次全体会议审议通过的《中共中央关于全面推进依法治国若干重大问题的决定》指出：将每年 12 月 4 日定为国家宪法日。在全社会普遍开展宪法教育，弘扬宪法精神。建立宪法宣誓制度，凡经人大及其常委会选举或者决定任命的国家工作人员正式就职时公开向宪法宣誓。

习近平总书记所作的《关于〈中共中央关于全面推进依法治国若干重大问题的决定〉的说明》对此进行了阐释：

健全宪法实施和监督制度。宪法是国家的根本法。法治权威能不能树立起来，首先要看宪法有没有权威。必须把宣传和树立宪法权威作为全面推进依法治国的重大事项抓紧抓好，切实在宪法实施和监督上下工夫。

党的十八届三中全会提出，要进一步健全宪法实施监督机制和程序，把实施宪法要求提高到一个新水平。这次全会决定进一步提出，完善全国人大及其常委会宪法监督制度，健全宪法解释程序机制；加强备案审查制度和能力建设，依法撤销和纠正违宪违法的规范性文件；将每年 12 月 4 日定为国家宪法日；在全社会普遍开展宪法教育，弘扬宪法精神。

全会决定提出建立宪法宣誓制度。这是世界上大多数有成文宪法的国家所采取的一种制度。在 142 个有成文宪法的国家中，规定相关国家公职人员必须宣誓拥护或效忠宪法的有 97 个。关于宪法宣誓的主体、内容、程序，各国做法不尽相同，一般都在有关人员开始履行职务之前或就职时举行宣誓。全会决定规定，凡经人大及其常委会选举或者决定任命的国家工作人员正式就职时公开向宪法宣誓。这样做，有利于彰显宪法权威，增强公职人员宪法观念，激励公职人员忠于和维护宪法，也有利于在全社会增强宪法意识、树立宪法权威。

四川省社科院法学研究所所长韩旭认为，自我国 1982 年《宪法》颁布至今已经 32 年过去了，宪法的权威还没有真正树立起来，宪法监督和实施机制尚未被激活，违宪审查并没有得以落实，现实生活中违反宪法的行为因此也无法得以纠正，宪法在某种程度上成了“闲法”(闲置的法律)。为了切实改变这一状况，在全社会树立宪法权威、弘扬宪法精神、普及宪法教育、推动宪法实施，《决定》提出将每年 12 月 4 日定为国家宪法日，并建立宪法宣誓制度。在这一天国家将通过多种形式大张旗鼓地开展宪法宣传教育活动。这些仪式性的活动，不仅具有象征意义，而且有利于培育宪法文化。公职人员正式就职时公开向宪法宣誓，仪式的庄重性、严肃性和公开性，不仅可以强化宪法对宣誓人内心的约束力，增强其使命感和责任感，而且便于群众监督，督促其在就职后忠于宪法和法律，勤勉尽责，以虔诚和敬畏之心模范遵守宪法。(资料来源：《四川日报》2014 年 11 月 4 日)

【资料 3】申城迎首个“国家宪法日”，专家呼吁——明确责任追究机制　莫让宪法成“闲法”

在首个“国家宪法日”之际，一场主题为“弘扬宪法精神　建设法治杨浦”的宪法宣传活动昨天在杨浦区五角场下沉式广场举行。

昨日，全国迎来首个“国家宪法日”，申城也紧锣密鼓地举行各类宪法宣传活动。然而，记者采访得知，不少市民认为，与自身利益密切相关的是各种专门法，宪法似乎成了不少人眼中束之高阁的“大法”。

宪法仅仅高大上吗？哪些内容与百姓息息相关？如何运用好宪法这把“利器”？怎么更好地捍卫宪法权威？本报记者进行了多方采访。

◆知法：宪法赋予百姓哪些权利？

监督权

宪法第四十一条规定：“公民对于任何国家机关和国家工作人员，有提出批评和建议的权利；对于任何国家机关和国家工作人员的违法失职行为，有提出申诉、控告或者检举的权利，但是不得捏造或者歪曲事实进行诬告陷害。”

上海大学法学院教授李建勇表示：“宪法的核心是保障公民权利，防止公权力滥用。而监督权是国家权力监督体系中一种最具活力的监督，是为了让权力在阳光下运行。”

监督权包括：公民直接行使的监督权和公民通过自己选举的人大代表，代表公民行使的监督权。它主要包含五项内容，即批评权、建议权、申诉权、控告权、检举权。

“现实生活中，仍存在着权力寻租腐败，”李建勇认为，“这是侵害社会公平和正义的痼疾。要通过监督，督促司法机关依法严肃查办领导干部以权谋私的案件，从源头上把‘权力’关进笼子里。”

“公民若发现法律和相关法规违反宪法，可以向国家机关提出修改或者废除的建议。”华东政法大学教授朱应平举例说，“1983 年，全国人大常委会修正《人民法院组织法》，将部分死刑复核权下放省级高级人民法院。结果在运行中，高级人民法院复核的死刑案件中，出现了一些冤假错案。社会公众强烈要求修改这项规定。”

2006 年，全国人大常委会修改了《人民法院组织法》，把死刑复核权又回收至最高人民法院。朱应平认为：“这就是社会公众根据宪法精神提出的建议。只有充分行使监督权，才能真正树立宪法权威。”

财产权

宪法第十三条规定：“公民的合法的私有财产不受侵犯。国家依照法律规定保护公民的私有财产权和继承权。”

“宪法并非‘高大空’，它与老百姓生活息息相关，它关系到房屋拆迁补偿，关系到个体经济的法律地位，捍卫每个公民的切身利益。”朱应平认为，财产权直接体现了老百姓的财产利益。财产权包含以所有权为主的物权、债权、知识产权等。

朱应平介绍，国务院 2001 年制定的《城市房屋拆迁管理条例》由于存有缺陷，在实践中成了一些地方行政机关随意侵犯公民权利的依据，不少地方的群众给全国人大常委会写信，建议对此条例是否违反宪法进行审查。

为维护宪法权威，更好地保护公民的财产权，国务院于 2011 年制定《国有土地上房屋征收与补偿条例》，废除之前的行政法规。这就是人民运用宪法第 13 条的财产权，推动最高行政机关废除不符合宪法精神的行政法规的体现。

选举权

宪法第三十四条规定：“中华人民共和国年满十八周岁的公民，不分民族、种族、性别、职业、家庭出身、宗教信仰、教育程度、财产状况、居住期限，都有选举权和被选举权；但是依照法律被剥夺政治权利的人除外。”

“宪法是公民权利的宣言书。其中，政治权利是人权里的核心。”李建勇介绍，选举权是公民的基本政治权利，选举权不仅与人民主权有关，而且与国家权力也密切联系，选举权直接产生出国家权力的载体——国家机关。在一定程度上说，选举权是公民权利与国家权力之间的纽带，也是体现依照宪法治理国家程度的重要指标，若没有选举权，国家权力的高楼便无从建立。

根据规定，不设区的市、市辖区、县、自治县、乡、民族乡、镇的人民代表大会代表，由选民直接选出；全国人民代表大会代表，省、自治区、直辖市、设区的市、自治州的人民代表大会代表，由下一级人民代表大会选出。

直接选举是指由选民直接投票选举人大代表，间接选举则是指由下一级国家代表机关，或者由选民投票选出的代表(或选举人)选举上一级人大代表和国家公职人员的选举。

“显然，直接选举是比间接选举更为亲民的一种选举方式，今年的十八届四中全会也释放了‘将会进一步扩大实行直接选举的范围’的信号。”李建勇教授表示，“不可否认，现实生活中，选举‘缺位缺票’时有发生，流动人口的选举工作有待加强，候选人遴选方式及诉讼途径也尚不完善，但这些都不能成为放弃宪法权利的借口。”

李建勇强调，直接选举是选民与被选举人“面对面”的互动，通过层层选举产生最高国家权力机关——全国人大，代表人民行使国家权力。

受教育权

宪法第四十六条规定：“中华人民共和国公民有受教育的权利和义务。国家培养青年、少年、儿童在品德、智力、体质等方面全面发展。”

受教育权是公民享受其他文化教育的前提和基础。朱应平举例说，在备受关注的国内首例侵犯受教育权利案件中，当事人齐玉苓主张自己的受教育权受到山东省滕州市教委等相关主体的侵犯，要求对其进行赔偿。法院认为齐玉苓受宪法保障的受教育权受侵害，应当获得赔偿，对此案件作出终审判决，被人冒名顶替上学的齐玉苓被判胜诉，获得经济损失和精神损害赔偿共计 9 万余元。这彰显了宪法的力量。

除此之外，宪法第三十九条规定了“公民的住宅不受侵犯，禁止非法搜查或者非法侵入公民住宅”的住宅权；宪法第四十二条规定了“公民有劳动的权利和义务”的劳动权；宪法第三十八条规定了“公民的人格尊严不受侵犯，禁止用任何方法对公民进行侮辱、诽谤和诬告陷害”的人格权等。

“徒法不足以自行。”朱应平强调，在我国，宪法规范一般情况下很少适用于司法诉讼。

上述事例表明，宪法与公民权利保障息息相关。但是宪法权利的实现不可能自然而然。一方面，权利的实现需要我们公民根据宪法精神去争取；另一方面，也要求国家机关依据宪法精神对相关行为是否违宪进行审查。如果违反宪法的，应当主动纠正。

◆看法：你眼中的宪法是什么？

市民——宪法神圣而遥远

李先生是一位来自本市一家教育机构的工作人员，对于宪法的认识，他向记者坦言，虽然“宪法”是国家的根本大法，但它好像离老百姓有点远。

在回答记者提出的“宪法在你心中的地位”这一问题时，李先生毫不犹豫地说：“宪法是神圣的，是我国的根本大法。”在他心中，宪法是万法之源，其他法律都由它衍生而来。

"宪法赋予我们平等和自由，"李先生谈及宪法给他带来的影响时说，"不可否认，我仍会在生活中碰到不公正待遇，自己权利的行使也会受到限制，比如，宪法规定年满18周岁的公民享有选举与被选举权，但是至今我也没有被选举的经历，这些经历让我觉得宪法并不那么亲民。"

李先生说："希望今后老百姓可以更直接地运用宪法维护自身的合法权益，这样比一味地进行宪法宣教更具有说服力。"

专家——宪法是法律人的生命

"我眼中的宪法应该是至高无上的，是法律人的生命。"李建勇教授认为，宪法是治国安邦的总章程，具有最高的法律地位、法律权威、法律效力。

具体表现在，首先，国家任何法律法规必须符合宪法的精神和原则，同时，任何组织机关个人必须自觉遵守宪法，没有超越宪法的特权；其次，宪法的精神和原则应该贯穿到社会、政治、经济各个领域，我国目前实行的许多专门法，如《选举法》、《婚姻法》、《教育法》等都是以宪法为"母法"产生的。宪法成为立法、执法、司法及守法的准绳。

复旦大学法学院教授刘志刚表示："由于种种原因，宪法在事实上处于虚置状态，其应有的作用没有得到发挥，这种状况在较大程度上影响到我国依法治国的整体进程。"

◆敬法：设国家宪法日重要意义何在？

"坚决维护宪法权威，依法维护人民权益……"昨日上午，徐汇区组织人员参加了"国家宪法日"徐汇区升国旗宣誓仪式，这也是国家首个宪法日中，本市第一个宣誓活动。来自公安、检察院、法院、城管、市场监管、税务等司法和行政机关的人员及区政府组成人员共计500余人参与宣誓仪式，以示尊重宪法法律权威。

"设立国家宪法日，不仅是增加一个纪念日，更要使这一天成为全民的宪法'教育日、普及日、深化日'，形成举国上下尊重宪法、宪法至上、用宪法维护人民权益的社会氛围。"徐汇区司法局工作人员表示，"设立国家宪法日，也是让宪法思维内化于所有国家公职人员心中。权力属于人民，权力服从宪法。公职人员只有为人民服务的义务，没有凌驾于人民之上的特权。一切违反宪法和法律的行为都必须予以追究和纠正。设立'国家宪法日'，是一个重要的仪式，传递的是依宪治国、依宪执政的理念。"

朱应平坦言，我国法治建设中宪法实施和监督环节目前较薄弱，所以，有必要强化宪法在整个国家法律体系中具有最高效力和地位之意识，如果宪法得不到弘扬，整个法治建设就会丧失根基。

◆护法：如何更好保障宪法实施？

正如十八届四中全会决定中所说，依法治国首先是依宪治国，依法执政首先是依宪执政。

“尊重宪法的权威、捍卫宪法的尊严是非常重要但同时又是难度比较大的一项法治系统工程。刘志刚认为，要真正做到这一点，必须健全和完善宪法实施和宪法监督制度，明确违反宪法责任追究机制。

刘志刚呼吁：“确立宪法解释程序，并制定统一的宪法解释程序法，以加强对规范性文件的备案制度，解决规范性文件的违法、违宪问题，切实保障宪法的落实。”

依托“国家宪法日”，刘志刚建议，在全社会通过多样化的形式，宣传普及宪法精神，使宪法精神、宪法观念深入人心，培育和塑造宪法实施的环境。(资料来源：《上海法治报》2014 年 12 月 5 日)

【方案 2】专题讨论

程序具有独立的价值和意义，人们应当通过正当程序追求实体公正的结果。只有按照正当程序处理问题，处理结果才具有公信力和权威性。在讲授这一问题时，组织学生观看《薄熙来案件庭审全程回顾》，引导学生围绕正当程序的中立性、参与性、公开性、时限性等特征展开讨论，进一步增强学生的法治观念，为推进我国法治的进步而努力。

【资料】薄案审判是法治建设的里程碑

薄熙来案件的审理，其公开透明程度可谓前所未有，可圈可点之处颇多，是严格遵循诉讼程序审理案件的典范。审判组织文明司法，遵守司法礼仪，着装得体、语言文明、态度平和、行为规范，充分体现了高超的庭审艺术和良好的职业修养，体现了良好的司法形象和司法作风，展现了中国司法公正、民主、自信、大度的精神风貌。

2013 年 8 月 22 日至 26 日，山东省济南市中级人民法院一审公开开庭审理被告人薄熙来受贿、贪污、滥用职权一案，并在其官方微博上详细播报了庭审情况，及时全面地公开了 5 天以来庭审的现场记录。9 月 22 日，济南中院公开作出一审判决：被告人薄熙来犯受贿罪，判处无期徒刑，剥夺政治权利终身，并处没收个人全部财产；犯贪污罪，判处有期徒刑十五年，并处没收个人财产一百万元；犯滥用职权罪，判处有期徒刑七年；数罪并罚，决定执行无期徒刑，剥夺政治权利终身，并处没收个人全部财产。这一举世瞩目的审判遂告一段落。

此前庭审中，济南中院严格执行新刑事诉讼法的各项规定，认真进行法庭调查，平等对待控辩双方，让控辩双方充分举证、质证、辩论，充分发表意见，充分保障了被告人的辩护权，特别是数十名证人出庭作证既有利于保障证人证言的真实性、合法性，也实现了被告人的对质权。本案庭审未对旁听庭审设置障碍，完全在阳光下进行，安排在可容纳逾百人的大审判庭，允许被告人亲属、媒体记者和公众旁听，并按照有关规定对庭审活动进行全程同步录音或者录像，特别是微博及时披露庭审信息，及时将庭审笔录向社会公开，满足了公民的知情权，这一“创举”及其公开透明程度可谓前所未有，可圈可点之处颇多，是严格遵循诉讼程序审理案件的典范。本案审判组织文明司法，遵守司法礼仪，着装得体、语言文明、态度平和、行为规范，充分体现了高超的庭审艺术和良好的职业修养，体现了良好的司法形象和司法作风，展现了中国司法公正、民主、自信、大度的精神风貌，既回应了海内外的高度关注，又打破了国外关于本案系“政治审判”的流言和误传。

需要指出一点，不少人因庭审时未对薄使用戒具而误以为是“优待”或“特权”，对这一误解有必要予以澄清。其实，1982 年《最高人民法院关于人民法院公开审判刑事案件时一般不要对被告人使用戒具的通知》已规定：“凡是被告人没有可能逃跑、行凶、自杀和发生其他危险行为时，都不要对他们使用戒具。只有在为保障安全和秩序而有必要时，才允许使用戒具。”尽管薄案属重大案件，国内外关注度极高，但由于看守严密，薄并非人身危险性大的被告人，也没有逃跑、行凶、自杀和发生其他危险行为的可能性，因此可以不对其使用戒具。能不使用戒具就不使用戒具，也是司法文明的表现之一。

通过公开的庭审笔录和五万余字的刑事判决书，不难看出，本案关于薄熙来实施受贿、贪污、滥用职权犯罪的事实清楚，来龙去脉均有相应证据证实，共同指向待证事实，能合理排除矛盾，且已形成完整的证据链，已达到“证据确实充分”的证明标准。

我国刑法第三百八十六条规定：“对犯受贿罪的，根据受贿所得数额及情节，依照本法第三百八十三条的规定处罚。”第三百八十三条第一款规定：“对犯贪污罪的，根据情节轻重，分别依照下列规定处罚：(一)个人贪污数额在十万元以上的，处十年以上有期徒刑或者无期徒刑，可以并处没收财产；情节特别严重的，处死刑，并处没收财产……”第三百九十七条第一款规定：“国家机关工作人员滥用职权或者玩忽职守，致使公共财产、国家和人民利益遭受重大损失的，处三年以下有期徒刑或者拘役；情节特别严重的，处三年以上七年以下有期徒刑。”据此，薄收受唐肖林、徐明等人贿赂高达 20447376. 11 元，贪污大连市政府的 500 万元，制造假证并发布虚假信息、放纵杀人凶手薄谷开来参与尼尔·伍德案的研究且破坏刑事案件侦查等所作所为，且导致时任重庆市副市长王立军叛逃，其滥用职权的行为造成极其严重的后果，在国内外造成恶劣影响。薄案的社会危害极大，具有法定、酌定从重处罚情节，确无法定或酌定的从轻、减轻处罚情节。薄当庭否认全部罪行，明显苍白无力，稍有辨别能力的人不会被其迷惑。虽然薄拒不认罪，这是其权利，不能强迫自认其罪。尽管公诉人在法庭上提出“被告人拒不认罪，应予严惩”，但纵观全案，法院仍系以事实为根据、以法律为准绳，依法行使审判权，合法合理地行使自由裁量权，作出公正裁决。一审法院对三个罪名的量刑，完全做到了宽严相济、罚当其罪，很好地贯彻了宽严相济的刑事政策。本案审判程序合法，适用法律正确，定罪准确，量刑适当，罪刑均衡，体现了罪刑法定原则和罪刑相适应原则以及法律面前人人平等原则，也体现了责任主义和并合主义的要求，确保了案件质量，确保了实体公正、程序公正和形象公正，确保了裁判法律效果、社会效果和政治效果的高度统一，是经得起历史检验的铁案。通过审判薄案，体现了国家反腐败的坚定立场，弘扬了正气，振奋了人心，彰显了法治精神，大大增加了社会的正能量。

历史的车轮滚滚向前。这一历史性审判将进一步维护和提升司法公信力，促进司法文明，推动人权保障，可谓中国法治建设的里程碑。当前我国社会主义法治建设正有条不紊、如火如荼地进行，步伐坚定稳健，虽未臻完善，但已远胜往昔。任何人，无论他曾经多么位高权重、炙手可热，只要构成犯罪，必将受到正义的审判。不要忘记，正义可能会迟到，但不会缺席。(资料来源：《人民法院报》2013 年 9 月 23 日)

【方案 3】辩论赛

公平正义是社会主义法治建设的根本价值追求，也是中国特色社会主义的内在要求，坚持公平正义其中一个方面就是坚持实体公正和程序公正并重。在讲授这一问题时，结合复旦大学投毒案，组织学生围绕“实体公正和程序公正孰重孰轻”展开辩论，正确认识实体公正和程序公正的关系，打破我国传统的“重实体、轻程序”观念，进一步提高学生的法治理念。

【资料】复旦投毒案被告变供　林森浩的权利也应捍卫

2014 年 12 月 8 日上午，备受公众关注的复旦大学投毒案二审在上海市高级人民法院 5 法庭公开审理。被指在饮水机内投放二甲基亚硝胺致室友黄洋死亡的林森浩，在庭上辩称其没有杀人动机，在投毒后对水进行了稀释。辩方律师指出黄洋死亡为爆发性乙型肝病巧发致死，要求法庭重新鉴定黄洋死因。(《京华时报》2014 年 11 月 9 日)

林森浩一审时被判处死刑，就在一些人认定林森浩死罪难逃之际，事情仿佛起了变化。其实，二审最受关注的不是林森浩的变供，更不是他的道歉，而是“有专门知识的证人”出庭。在庭上，“有专门知识的证人”挥洒自如，做到了用证据说话，给人留下极深印象，似乎使投毒案充满变数。

说到“有专门知识的证人”——有时也叫专家证人，一般出现在民事案件中。不过，2013 年 1 月 1 日起施行的新刑诉法第 192 条明确规定：“公诉人、当事人和辩护人、诉讼代理人可以申请法庭通知有专门知识的人出庭，就鉴定人作出的鉴定意见提出意见。”换言之，无论公诉人还是辩护人都有权利请“有专门知识的人”出庭。“有专门知识的人”能发现案件中不为人知的漏洞，从而更好地维护当事人的合法权益。

“有专门知识的人”，往往出手不凡。众所周知的案例是，美国辛普森杀妻案中，由于李昌钰等“有专门知识的人”出庭，将警方的证据驳倒，致使案情发生大扭转。辛普森之后被裁定无罪，一大功劳应归于“有专门知识的证人”。而此次林森浩的辩护人请到的“有专门知识的人”——法医胡志强，同样有成功经验。

不管胡志强能否使复旦大学投毒案发生转折，“有专门知识的人”出庭都见证着法治进步，这也是新刑诉法一大亮点。刑事诉讼法被誉为“保障人权的小宪法”，新刑诉法更加注重人权保障，强化证据意识、程序意识和监督意识。胡志强在庭上称，黄洋死亡原因是爆发性乙型病毒性肝炎致急性肝坏死，多器官衰竭死亡。胡志强根据目前检测报告，认定黄洋中毒致死缺乏依据，确定死者死亡性质是中毒并且是特定二甲基亚硝胺中毒，是“不客观不科学的”。无论这些说法最终会不会被法庭认可，都说明身为“有专门知识的人”，法医胡志强起码是负责的，也是尽力的。

遗憾的是，无论胡志强还是林森浩的律师，都在互联网上被骂得狗血喷头，甚至有网友称：“那个为杀人犯狡辩的无良律师，我真的希望林森浩毒死的是你的家人!”也许这种激愤情绪出于对黄洋的同情，是他们表达自己对“正义”的理解，但在法治时代，哪怕林森浩十恶不赦，他也有权利请律师为自己辩护，聘请“有专门知识的人”提供有利于自己的证据。这才是法治社会的基本正义。(资料来源：中国大学网2014年12月10日)

【方案4】互动教学——宣传普及法律知识　培养法治思维方式

社会主义法治国家建设的进程能否顺利推进，在一定程度上要看社会主义法治思维方式能否深入人心。在讲授这一问题时，结合“把权力关进制度的笼子里”的论断，提出问题，思考问题，引导学生正确理解法律、权力、权利、程序这四个治国理政的基本要素，逐步培养其社会主义法治思维方式。

【资料】“把权力关进制度的笼子里”：为什么关？怎么关？

——访最高人民法院副院长江必新

编者按：习总书记关于“把权力关进制度的笼子里”的说法一经提出，立即引起全党上下及社会各界的强烈反响，也带给人很多期许。“把权力关进制度的笼子里”，可以说是对权力与制度关系的形象概括，也是回归权力本质的必然要求。那么，为什么“把权力关进制度的笼子里”，如何“把权力关进制度的笼子里”，什么样的制度才能把权力关进笼子，在实践中又要处理好那些与“把权力关进制度的笼子里”相关的关系等，都是需要我们搞清楚的。就相关问题，本刊记者特别采访了法学博士、最高人民法院副院长江必新。

《中国党政干部论坛》：习总书记在中央纪委第十八届二次全会上提出“把权力关进制度的笼子里”，随即引起全党及社会的关注或者说更多的是一种期待。您如何理解“把权力关进制度的笼子里”？

江必新：简单地说，权力是一种政治上的强制力，是职责范围内的影响力和支配力。对权力而言，没有监督的制约和没有制约的监督，都是危险的。一个社会如果没有这种支配力或影响力，就会陷入混乱。但是经验告诉我们，如果不对这种权力加以限制和控制，它就可能发生异化。这是因为，就权力的属性来说，客观上具有较强的渗透性和扩张性，如果不为它设定法律上的边界，它随时都可能利用其控制的财富和暴力，不适当地膨胀起来，从而得以超越或凌驾于社会成员之上。就权力的效应来看，它具有使权力指向的对象服从掌权者的功能。正是这种服从的效应，使它有可能成为攫取利益的工具，有可能被用作满足个人私欲的手段。从这个意义上说，权力本身就存在着腐化的自然趋向。从权力的实现过程看，权力只有通过掌权者才能实现，甚至必须通过多层政府机构才能实现，换句话说，它必须通过众多的工作人员的活动才能实现。然而，作为权力实现的导体或中介的个人，由于认识、感情、品德或其他方面的不完善性，不可能百分之百地、绝对正确无误地按照权力的应有目的来运用它，权力随时都有可能被滥用或误用。再从权力的作用机制看，权力本身产生于社会，它是在社会发展中凝聚而成的。但是它一经形成，就具有相对独立性，并且有追求尽可能多的独立性的趋向，从而产生两种不相等的力量的交互作用，而权力的作用方向并非是固定的、单向的，它既可以起推动社会进化的作用，也可以沿着相反方向起作用。正所谓“现代国家是为了服务于社会而建立起来的，但是他又对这个社会构成威胁”。因此，不受制约的权力会导致腐败，必须建立完善的制约机制才有可能避免权力的腐化。

《中国党政干部论坛》：正如您所说，不受制约的权力必然导致腐败，避免权力被腐化就要把权力关进制度的“笼子”。那权力会乖乖地“入笼”吗？倘若权力明知应“入笼”却总是在“笼子”口犹豫怎么办？

江必新：那肯定是不想更不愿“入笼”，所以才强调要“把权力关进制度的笼子里”。其实，早在1980年小平同志就说过，我们的“总病根”就是“权力过分集中”。解决这个“总病根”，在我国现阶段最有效的办法，就是在正确理顺党政关系的前提下，以权力控制权力，以权利控制权力，以民主监督权力，以法律规制权力。简单说就是这样几个关键词：分权(工)、民主、人权、法治、党政关系。

所谓分权(工)就是分散权力，防止权力过分集中，避免权力“一股独大”。分散权力在当今世界有两种情况，即权力分立和权力分工。权力分立(分权)，是指国家权力不能集中于国家机构的某个部门或一部分人，而应当合理地分割成若干部分，由宪法授予不同的国家机构(部门)和不同的人们所执掌。法国哲学家孟德斯鸠说："一切有权力的人都会滥用权力，这是万古不易的经验。要防止滥用权力，就必须以权力约束权力。"而权力分工是在某一核心领导下的不同的国家机构相互监督与分工。我国全国人民代表大会制度就属于权力分工的范畴。分权或者分工的目的在于避免独裁者的产生。英国史学家阿克顿勋爵"权力使人腐化，绝对的权力使人绝对的腐化"的名言就说明了"分散权力"的重要性。从技术层面上来说，分散权力是制约权力的前提。权力制约是指国家权力的各部分之间相互监督、彼此钳制，由此构筑一个关住权力的"笼子"，以保障公民权利。

再说民主。以"让公民与社会力量来参政督政"为主要内容的民主和分权(工)一样，能够强有力地约束权力，将权力这只怪兽锁入笼中。只有把权力放在民众的眼中去审视、去监管，人民所赋予的权力，才能为民所用，权力天然的兽性才会被制度所驯、为民众所服。对于权力监督，我国不乏规制，也不乏"高度重视"。但掌权者伤民现象并未真正得到扼制。究其原因，就是掌权者设计制作了"笼子"并掌管着"笼子"的钥匙，"笼子"看上去很美，却漏洞百出。权力来自哪里，掌权者就向哪里负责。这是职业道德，更是生存法则。相应地，关住权力的"笼子"由谁来设计，设计成什么样子，谁来掌控"笼子"的钥匙，是权力能否被驯服、能否心甘情愿待在"笼子"里、能否真正为民所用的决定因素。因此，把权力关进"笼子"，更要把钥匙交给人民。钥匙在人民手上，"让全体人民来监督"，变关猫的牛栏为制度的铁笼，迫使掌权者不得不成为公众的孺子牛，才算是真正实现了"人民当家作主"。

还有人权。人权可以划出权力的禁区，通过保护公民的生命权、自由权、人身权与财产权来划出一块政府权力绝对不得进入的领域，从而大大缩小了政府权力的活动范围。因此必须保证人民依法享有广泛的权利和自由。这就要求：

一要在"广泛"上做文章。不仅保护人民私法上的权利，而且要保护人民公法上的权利；不仅承认国民的法定权利，而且要承认国民的基本人权与正当利益；不仅要不断扩大人民的政治权利，而且要不断扩大国民的经济社会文化环境权利；不仅要强化对自由权的保护，而且要强化对平等权的保护；不仅要保护当代人的权利，而且要保护子孙后代的权利。二要在"保证"上下工夫。其一为权利的行使提供必要的物质资源，其二使每项权利相应的义务或职责具有对应支持，其三有效防止权利遭受公共权力的侵害，其四切实保障权利的平等行使，其五健全权利受损的救济机制，使受公共权力侵害的私益得到及时赔偿或补偿。

再次是法治。"民主和法治可以被看做是克服国家与社会之间的矛盾的两种不同的方法。国家的建立对社会来说是必要的，但是它也代表着一种威胁。法治是要约束国家的权力，而民主则是要在行使国家权力的过程中动员社会。"用宪法和法律来规范权力，通过确立法治来对权力加以法律的约束，确保政府是法治的，而不是人治的。公元1215年，英国的一些地主联合起来，第一次成功地用法律束缚君王，由此开创了法治驯化权力的先河。对权力的监督和制约，是任何法治形态的基本要义。破坏法治的最大危险一般情况下都来自权力，只有约束好权力，国民的权利和自由才可能安全实现。

最后一个是党政关系。区分党权与国权，正确处理党政关系，这是由我国特殊国情决定的。《中华人民共和国宪法》序言确定了中国共产党的领导地位。中国共产党对国家的领导权是政治、思想与组织的领导，因此，党权与国权是不同的。党对国家必须实行政治领导，但不能因此而使党凌驾于宪法和法律之上，使党行政化、司法化。只有正确处理好党政关系，才能从根本上优化对掌权者行使权力进行监督的条件与环境。

《中国党政干部论坛》：编织好更为坚实、合体的“制度笼子”以解决“牛栏关不住猫”的问题，您认为重点应进行哪些相应的改革和完善？

江必新：首先是优化权力。不科学不合理的权力结构，是“纸笼子”。“纸笼子”是关不住权力这只猛虎的。党的十七大报告提出建立健全决策权、执行权、监督权既相互制约又相互协调的权力结构和运行机制，是对改革开放以来我们党在探索权力制约和监督机制方面的重要经验和实践成果的总结，是对权力结构和运行机制认识的进一步深化，对于规范权力运行、从源头上防治腐败，对于深化我国的政治体制改革，意义重大。当前在优化权力内部结构的同时，也要优化权力行使的外在环境。国务院《全面推进依法行政实施纲要》中已有明确规定。凡是公民、法人和其他组织能够自主解决的，市场竞争机制能够调节的，行业组织或者中介机构通过自律能够解决的事项，除法律另有规定外，行政机关不要通过行政管理去解决。

第二，职权法定。“行政机关是法律的产儿”，权力在形式上只能来源于法律，由法律规定。法律应当规范权力的运行，为权力运行设定明确的范围、条件和界限。国务院《全面推进依法行政实施纲要》强调指出，行政执法要在“法定的职权范围内实施”。掌权者必须在法律规定的职权范围内活动。非经法律授权，不可能具有并行使某项职权。这与“凡法律没有禁止皆可为”的公民权利不同。职权法定，越权无效，是公法的主要原则之一。凡法律没有授予的，掌权者就不得为之。法律禁止的当然更不得为之。

第三，合法合理。合法性原则，是指权力的存在、行使必须依据法律，符合法律，不得与法律相抵触。德国近代行政法学的奠基人奥托·迈耶把行政合法性原则分解为法律优先原则和法律保留原则。法律优先原则要求行政机关不得实施与法律规定不一致的行为，任何行政行为若与法律规定相冲突则无效，该原则亦称为消极的依法行政原则；法律保留原则要求行政机关的行政行为必须有明确的法律授权，否则不得行为，因此该原则亦称为积极的依法行政原则。由于自由裁量权的大量出现，为防止权力的滥用，应当为权力的行使设定正当目的及合理基准与要求，因此合理性原则也随之出现，并成为合法性原则的延伸或拓展。国务院《全面推进依法行政实施纲要》对行政机关合法合理行政提出明确要求。

第四，程序正当。“把权力关进制度的笼子里”尤其要注意设置程序“笼子”。通过设立具有高度正当性的程序，通过赋予利益相关方充分的程序权利，通过科学、有效且符合规律的管理，通过有效而理性的层级监督和外部监督等，确保掌权者正确行使权力。这些程序包括听取意见、利益回避、平等对待、兼听则明、公正高效、便民利民等。当前我国在设置程序“笼子”中，应重点关注参与原则和公开透明原则。

第五，有效监督。对权力的监督，从监督主体上看，可以分为利害关系人的监督、专门国家机关或者机构的监督和社会舆论的监督。在所有对权力的监督方式中，来自利害关系人的监督是最好的监督。因此，必须充分赋予利害关系人以知情权、参与权、表达权、协议权、异议权、请求救济权等权利，确保其理性、有效、适度参与决策及其执行程序。“制度笼子”一旦制定出来，包括制定者都不能随心所欲去违反。因为好的制度，必然以强制性为后盾，必然以科学分工的“专门机构”有效权力制衡为保障，确保掌权者的意志不得凌驾于法律和人民之上。专门国家机关或者机构的监督包括司法监督、行政监督、监察监督、审计监督、舆论监督等。其中最为重要的是司法监督。应为司法机关依法独立公正行使职权创造体制条件，并设置高度正当的司法程序。司法的性质、功能和使命，要求司法主体必须具有中立性，而司法的中立须以确保司法机关独立行使职权并有足够的能力抗拒任何形式的干扰为条件。在中国，对司法的干扰，不仅来自“金钱”和“权力”，还来自“人情”和“关系”，这种国情和现实，使中国的司法所面临的干扰风险非常大，必须进一步推进司法体制改革和制度完善。需要说明一点，即使是专门国家机关或者机构的监督者自身也要受到监督，而且要受到更加严格的监督。也就是说，在强化监督的同时要防止监督权的滥用。习总书记说打铁还需自身硬，要用铁的法律纪律打造监督队伍，以保证监督者足够“铁”，足够“硬”。

第六，问责制度。问责制已经成为世界通行的政府管理机制。问责制的本质在于对权力的违法或不当行使进行责任追究，体现了责任政府的原则。问责制是现代国家强化和明确责任、改善国家治理的一种有效制度，是民主政治的本质要求，正如潘恩所说：“一切授予的权力都是委托，一切僭越的权力都是篡夺，政府权力来自人民，必须对人民负责。”国务院《全面推进依法行政实施纲要》要求行政机关违法或者不当行使职权，应当依法承担法律责任，实现权力和责任的统一。依法做到执法有保障、有权必有责、用权受监督、违法受追究、侵权须赔偿。

《中国党政干部论坛》：习总书记提出的“三不”机制，可以说是标本兼治、惩防并举的反腐倡廉体系的制度化标准。如何让“制度笼子”发挥其应有的作用呢？

江必新：重点要处理好五个方面的关系。其一，限制与激励。当“制度笼子”建设得愈加健全并执行有力，权力才会老老实实地待在“笼子”里。当然，权力并非恶之滥觞，把权力关进“笼子”里，不是让权力躺在“笼子”里“睡大觉”无所作为，也不是打压掌权者，而是让掌权者不专权、不越权、不谋私的同时，通过“制度笼子”的约束，激励掌权者更好地承担责任，让权力恰如其分地发挥作用，实现其取之于民、用之于民、造福于民的价值。其二，他律与自律。权力是人民赋予的，只能用来为人民服务，否则就是权力异化。把权力关进“制度笼子”里的关键就是你说的“笼子”的质地，变关猫的牛栏为制度的铁笼，变依靠个人自觉的软约束为依靠刚性制度的硬制衡。当然，制度的刚性他律不否定掌权者的自律，他们应树立权力是人民赋予的观念，正确对待组织；树立领导就是服务的观念，正确对待群众；树立做官就是奉献的观念，正确对待个人；树立权力必须受到制约的观念，正确对待监督。特别重要的是，要让掌权者意识到他不会永远拥有权力。其三，自上与自下。“把权力关进制度笼子里”恐怕绝不是单靠上层的施压就可以做到，也需要全民监督局面的形成。小平同志总结“文化大革命”的教训，把人民监督作为一项制度提出来，强调“要有群众监督制度，让群众和党员监督干部，特别是领导干部”。如果说“把权力关进笼子”作为一个政治目标，“分权”就是把“笼子”里的权力分散并使之相互制约，而“自下”的监督就是“把权利放出笼子”，让公民和社会的力量构成一道坚不可摧的“监督笼子”。其四，“老虎”与“苍蝇”。党的十八大提出“不管涉及什么人，不论权力大小、职位高低，只要触犯党纪国法，都要严惩不贷”。习总书记指出要坚持“老虎”、“苍蝇”一起打。这里实际上有一个“大”与“小”的辩证法。也就意味着，制度的“笼子”既要关“大”权力也要关“小”权力。但是这并不否定我国目前权力监督的主要对象仍然是“打老虎”。其五，“常”与“长”。权力天然具有腐败的倾向，即便有“制度笼子”的震慑，也按捺不住有些掌权者蠢蠢欲动的心，总想挑战一下“制度笼子”的权威。要让权力在制度的“笼子”里安分守己，正如习总书记所言：“反腐倡廉必须常抓不懈，拒腐防变必须警钟长鸣，关键就在‘常’、‘长’二字。”一个是经常抓，唯有经常性地敲打掌权者，才能让权力时刻保持警醒；一个是长期抓，唯有长期性地拒腐防变，才能清除权力妄为的土壤；也唯有“常”“长”二剑同时出鞘，“把权力关进制度的‘笼子’里”才不会沦为“运动式”、“一阵风”，“上有政策、下有对策”之类的权宜之计。（资料来源：中国党政干部论坛 2013 年 7 月 11 日）

【方案 5】案例分析

法律权威的树立，不仅依靠保障法律实施的国家强制力，更取决于法律本身的合理性。在讲授这一问题时，组织学生观看 2014 年 12 月 5 日的《今日说法——“从死刑到无罪”》，结合念斌案，分析其从死刑到无罪的改判过程，从而使学生正确认识提高立法质量在依法治国进程中的重大意义。

念斌案简介

2006 年 7 月 27 日夜，福建省平潭县澳前村 17 号两户居民家中多人出现中毒症状，两名儿童经抢救无效死亡。警方经过侦查，很快确定是人为投毒所致，认为其邻居念斌有重大作案嫌疑。此后该案历时 8 年 10 次开庭，念斌 4 次被判死刑。

2014 年 8 月 22 日，福建省高院再审宣判念斌无罪。

【资料】中国刑事诉讼发展变化

1979 年制定刑事诉讼法，中国特色的刑事诉讼制度开始形成；

1996 年修改《刑事诉讼法》，确定了“疑罪从无”原则；

2006 年 11 月 1 日，中国人大常委会通过将死刑案件的核准权统一收归中国最高法院行使；

2012 年新通过的《刑事诉讼法》，总则上，将尊重与保障人权写入了刑诉法第二条，彰显了我国刑事制度中尊重与保障人权的法律地位；证据上，完善了证人、鉴定人出庭制度与证人保护制度，在一定程度上解决了证人出庭作证、鉴定人出庭接受质询的难题，为被告人的人权增添了新的保障。

审判程序上，限制了二审发回重审的次数，避免多次发回重审，影响诉讼效率。

【方案 6】情景模拟

法治理念是理性化的法治观念，是指导人们进行法治实践的思想基础、基本原则和价值追求。树立社会主义法治理念，有利于促进正确法治观念的形成。在讲授这一问题时，以“我爸是市长”为例，组织学生扮演其中角色，模拟情景过程(注意神态和语气)。然后，在这个基础上，进一步分析事件发生的原因及其造成的影响，从而正确认识法治和人治、法治和德治的关系，帮助学生树立正确的法治观念。

【资料 1】男子飞机上拒关手机殴打安全员称：我爸是市长

新华网福州 10 月 30 日电　记者从福鼎市宣传部门获悉，29 日微博爆料的“福建福鼎市市长儿子殴打安全员”一案，经初步调查核实，并非福鼎市市长包江苏的儿子，而是另一位郑姓副市长的儿子。

据 29 日的微博爆料，河北航空重庆到温州的航班，在起飞前，乘务员两次提醒头等舱旅客郑某关闭手机，但乘务员走后又开机，安全员制止。起飞后两分钟爬升关键阶段开机，安全员再次出面制止，该旅客随后对安全员多次进行辱骂及推搡，并威胁要让父亲报复安全员。

微博内容还指出，“男子自称是福建省福鼎市市长儿子，让自己父亲报复当班

安全员和证人们。后来地面公安证明他的父亲真的是市长”。(资料来源：新华网2014年10月30日)

【资料2】2014山西事业单位考试申论热点——“我爸是市长”的反思：

产生原因：从“我爸是李刚”到“我爸是县长”，再到“我爸是市长”，从“官二代”口里发出的狂言让人不寒而栗。牛气冲天的话中透露出权力的傲慢，透露出有权就可以无法无天，透露出有权就可以肆意欺凌别人。哪怕自己并非权力的真正拥有者，哪怕只是与权力沾亲带故，也能理所当然地享受权力的雨露，成为权力的庇护者和受益者。在这大闹机场的时刻，更是该拿出来在群众面前显摆的时候。叫嚣“我爸是市长”不仅是对民意的藐视，更是对法治和社会公平公正的戕害。

整改措施：第一是要坚持依法治国，对政府官员手中的权力进行制约。此次“副市长之子殴打安全员”一事，本质上反映的是权力专横和对法律尊严的漠视。刚刚结束的党的十八届四中全会将法治提高到一个前所未有的高度，依法治国的关键是对权力的制约和监督。习近平总书记一再强调“奉法者强则国强，奉法者弱则国弱”。第二是要对政府官员手中的权力进行监督。特别是现如今网络舆论正成为一支不可忽视的力量，对政府官员手中权力进行监督，需要加大群众对政府官员手中权力的监督，并依法举报。政府也要积极引导舆论，避免被网络情绪牵着鼻子走；但是最为根本的是要用良法实现善治，网络戾气的根源还在网络之外，如何让更多的人不再焦虑应是执政者考虑的重要命题。第三是作为一名官员干部，更需要教育好自己的子女，子不教父之过，官员干部不仅仅应是律于自身，在工作中履行职责，而且还要管好家庭，管好家属和子女，一个立身正、以身作则的人，怎会容忍嚣张跋扈、蛮不讲理的家人。另外家庭也是组织观察和考核的组成部分，没有一个相得益彰的家属和安守本分的子女，不可能有一个良好的自我塑身氛围。对广大领导干部来说，要加强对于子女的培养和教育，对其道德养成应尤其注意，不要因忽视教育而酿成大祸最后才追悔莫及。这不仅仅是对子女的照护，也是对自身道德风范的营塑。

四、实践教学应注意的问题

(1)全面贯彻实施宪法，是全面推进依法治国、建设社会主义法治国家的首要任务和基础性工作。实践教学中，引导学生认识设立国家宪法日和建立宪法宣誓制度，有利于在全社会增强宪法意识、树立宪法权威，推动宪法的实施。

(2)注意引导学生理解依法治国作为社会主义法治理念的核心，是以科学立法、严格执法、公正司法、全民守法为基本要素，并随着国情的变化而不断地丰富与发展完善。

(3)以法律至上、权力制约、人权保障、正当程序为基本要素的社会主义法治思维方式的培养，是一个长期的实践过程。在实践教学中，鼓励学生学习法律知识，参加法律实践，树立法治观念，自觉提高依法办事能力。

(4)注意引导学生在实践中时刻关心国家大事，关注法治建设的发展。利用所学知识，思考问题，分析问题，解决问题，不断地提高自身法治素质。

后　记

本书为2014—2015年度河北省高等教育教学改革研究与实践项目(课题编号2015GJJG101)、2014年河北工程大学教育教学重大项目的阶段性研究成果。

近年来，高校思想政治理论课实践教学日益受到重视，内容逐渐丰富，形式不断拓展。但与其他学科和社会实际相比，高校思想政治理论课实践教学仍然显得薄弱，距离教学目标的实现还存在着明显差距，特别是缺乏系统的实践教学指导方案，呈现出随机和零散的状态。因而，深入研究思想政治理论课实践教学过程存在的问题，编写与思想政治理论课统编教材相配套的实践指导教材成为当前推进思想政治理论课实践教学的首要工作。

2013年以来，河北工程大学社会科学部在学校领导、相关职能部门的关心和支持下，先后获得省教育厅人文科学研究项目、河北省教育教学改革项目、校教育教学重大项目的立项支持。以此为契机，社会科学部组织一线教师，立足教学实际，在借鉴现有实践教学经验的基础上，编写出版了《思想道德修养和法律基础专题实践教学教程》，其他四门课程实践教学方案也将陆续编写出版。

本书由河北工程大学社会科学部副主任弓兰秀教授统筹设计，由《思想道德修养与法律基础》教研室苏庆国副教授、王永军副教授、王军棉副教授、王娓媛老师、魏建丽老师负责编写，由孟令择教授、张金鑫副教授、崔建良副教授审阅修订。

值此书稿付梓之际，本书编写组向所有关心、支持本书编写的领导，为本书编写付出辛苦努力的各位教师表示衷心感谢，也特别感谢在本书编写、修改过程中给予关心和支持的张永强副校长、吕海涛副校长、教务处张京军处长，以及学校各部门和付出艰辛努力的河北工程大学同仁们表示诚挚的谢意。

本书在编写过程中，参考、使用了大量资料，借鉴了兄弟院校的优秀经验，限于诸多因素，无法一一列举，现一并表示感谢。

最后，感谢武汉大学出版社和策划编辑张璇为本书的顺利出版所付出的辛勤劳动。

2015 年 5 月 20 日

责任编辑：张 璇
责任校对：李孟潇
整体设计：马 佳

ISBN 978-7-307-16555-7
9 787307 165557 >
定价：22.00元